动态综合评价方法的研究

孙利荣 著

浙江工商大学出版社
ZHEJIANG GONGSHANG UNIVERSITY PRESS

·杭州·

图书在版编目(CIP)数据

动态综合评价方法的研究 / 孙利荣著. — 杭州：
浙江工商大学出版社，2019.12
　　ISBN 978-7-5178-3633-9

　　Ⅰ. ①动… Ⅱ. ①孙… Ⅲ. ①动态－综合评价－方法
研究 Ⅳ. ①F224.12

中国版本图书馆 CIP 数据核字(2019)第 280717 号

动态综合评价方法的研究

DONGTAI ZONGHE PINGJIA FANGFA DE YANJIU

孙利荣　著

责任编辑	吴岳婷
封面设计	林朦朦
责任校对	陈维君
责任印制	包建辉
出版发行	浙江工商大学出版社
	（杭州市教工路 198 号　邮政编码 310012）
	（E-mail：zjgsupress@163.com）
	（网址：http://www.zjgsupress.com）
	电话：0571-88904980，88831806（传真）
排　　版	杭州朝曦图文设计有限公司
印　　刷	虎彩印艺股份有限公司
开　　本	710mm×1000mm　1/16
印　　张	8
字　　数	153 千
版 印 次	2019 年 12 月第 1 版　2019 年 12 月第 1 次印刷
书　　号	ISBN 978-7-5178-3633-9
定　　价	38.00 元

本书获以下项目资助：
国家社科基金（18BTJ037）
浙江省自然科学基金（LY20G020008）
全国统计科学研究重点项目（2019LZ34）
浙江省一流学科 A 类（浙江工商大学统计学）资助

目　　录

第一章 绪 论

第一节 选题背景及意义

综合评价问题广泛存在于社会、经济、管理等各个领域中,其理论与方法的研究有着广阔的应用前景。我们知道,传统的统计分析中,通常处理的数据类型是时间序列数据(Time Series Data)、横截面数据(Cross-section Data),或由时间序列数据和横截面数据相结合的具有三维(个体、时间、指标)的数据结构的数据,称为面板数据(Panel Data)或平行数据,在化学统计和生物统计领域又被称为纵向数据(Longitudinal Data)。这些传统的数据特点是它们均是离散的有限"点值"数据。在传统的多指标综合评价中,评价指标的原始数据、指标权数、评价参数、评价结果等通常亦是以"点值"的形式表现的。从而与之对应的综合评价模型与方法也大多数是基于这种"点值"形式的统计数据进行设计的(王宗军,1998)。

但是随着现代信息技术的发展,人们获取和存储数据的能力得到了极大提高,使得现代的数据收集技术所收集的信息不但包括传统统计方法所处理的数据,而且在许多科研领域还涌现了大量形式各异的复杂类型的数据集。函数型数据(Functional Data)就是其中的一种复杂类型的数据。例如,某地区气象站多年观测的气温数据;股票市场关于股票的分时成交价数据;儿童身高、体重增长的多年记录数据;多个地区的月度地区生长总值数据;心理学研究中的脑电信号数据;生物技术中的微阵列(Microarray)数据;医学诊断中的功能磁共振图像(fMRI)数据;空间数据;义乌小商品景气指数的月度数据等。函数型数据表现形式多种多样,可以是曲线、图像或其他形式的函数图形等。因此,综合评价的实践活动里,无论是评价指标原始数据,还是评价权数与参数,都不可避免会以"函数"的形式呈现,甚至可以说,这种函数形式的数据表达形式更加符合综合评价的应用实际,理由有以下几点。

1.动态原始数据的连续累积决定了动态原始数据表达方式的函数特性

在综合评价分析的过程中经常会碰到这样一些数据,它们在每一个时间点上的取值都存在,而且一旦取值的时间点变得十分密集,这些数据点在数据空间中就会呈现出一种函数型特征。时间点取得越密集,数据的函数型特征就越明显。从每个研究对象个体的动态发展来看,将时间看作水平变量,则每个个体对应着一条曲线(可能不光滑),于是这些数据就成为函数型数据[①]。一切社会现象都处于不断变化和发展之中,在不同的时点上具有不同的特性,从而也要求评价过程具有动态化,进而函数化。

2.用函数型数据形式能更加有效地反映综合评价的合理性

综合评价结果的合理性是价值判断的认识过程。其评价结果的合理性是有条件的,是一个范围之内的"相对合理"。因此,对于一个综合评价体系而言,提供一段时间的综合评价结果比提供一个点值更有说服意义,更易被接受,亦更加公平。函数型数据便是定义在一段时间的数据形式。

3.函数型数据分析(FDA)较传统方法更具优势

相对于传统的数据分析方法,FDA依赖较少的假设条件和较弱的结构约束;它利用平滑的曲线对原始数据进行修匀,在一定程度上能够消除观测误差;它不要求不同的观测对象的数据观测点和观测次数相同,即可以处理不等时间间隔取样的问题,且不同观测对象的取样时间可以不必相同;FDA针对函数的微分、积分等运算可以提供丰富的分析工具,探索函数之间的差异和函数内部动态变化模式;一旦将原始函数用特定的基函数展开(Basis Expansion),则不同的基函数展开系数就捕捉了该函数的几乎所有信息,于是大多数情况下FDA最终都能简化为直接针对基函数展开系数的分析,从而大大降低了运算难度。FDA还包括很多多元统计模型类似的方法,例如简单线性模型、方差分析、广义线性模型、广义效益模型、聚类分析、主成分分析、典型相关分析等,但是FDA将动态点值转化为光滑曲线能更好地揭示变量之间的内在关系;会通过自己特有的方法挖掘出更多的数据信息;FDA方法对某些非函数型数据仍然适用等(靳刘蕊,2008)。

4.函数型聚类模型的使用有利于金融市场数据的可视化展现;多指标函数型聚类模型的使用有利于多维度金融数据的分析

本书提出的函数型聚类分析方法,能够将冗杂的金融市场数据按照一

---

① 函数型数据可以是时间的函数,也可以是空间位置的函数,或更加复杂的形式,实际中一般将函数型数据看成时间的函数。

定的相似性进行归类,通过可视化展现,投资者能够很清晰地从聚类结果中分辨每个类别中曲线的整体和局部特征。在实际应用中,投资者在进行决策时会从多方面进行分析,例如选择股票会考虑价格、成交量、公司业绩等一系列因素。本书提出的多指标函数型聚类模型提供了一种多维分析金融数据的方法。

5.对其他综合评价方法进行动态的扩展,有利于动态综合评价理论的发展

鉴于以上几点理由,笔者认为基于函数型数据形式对综合评价方法进行动态扩展研究,不仅具有理论意义,而且是综合评价实践的迫切需求。国内外虽然有不少关于函数型数据分析方法在经济管理领域中的应用研究,但缺乏从综合评价全部要素的函数化角度展开研究,也缺乏利用函数型数据的多元统计分析方法去探讨综合评价过程的实现。函数型数据是现代统计方法需要处理的复杂性数据中的一类,如何利用和挖掘这些数据中的信息,解决函数型数据的统计建模与分析,应该是数据形式与结构复杂化背景之下现代统计方法发展的重要方向之一。

第二节　研究的主要内容与研究框架

一、研究内容

1.阐述函数型数据综合评价的数据结构及其预处理

由多指标函数型数据表(表 1-1)支持的综合评价问题,称为函数型数据综合评价,一般表现形式如下。

$$y_i(t) = F(\omega f_1(t), \omega_2(t), \cdots, \omega_n(t); x_{i1}(t), x_{i2}(t), \cdots, x_{in}(t)), t \in T$$

表 1-1　多指标函数型数据表

系统＼指标	x_1	x_2	$\cdots$	x_m
s_1	$x_{11}(t)$	$x_{12}(t)$	$\cdots$	$x_{1m}(t)$
s_2	$x_{21}(t)$	$x_{22}(t)$	$\cdots$	$x_{2m}(t)$
$\vdots$	$\vdots$	$\vdots$	$\cdots$	$\vdots$
s_n	$x_{n1}(t)$	$x_{n2}(t)$	$\cdots$	$x_{nm}(t)$

$y_i(t)$为第i个评价对象s_i在时间区间T内的综合评价函数,当T为离散点的集合时,即为动态综合评价,当T退化为一点时,即为静态综合评价。

综合评价的第一步就是对函数型数据表下的指标数据进行预处理,这里主要包括:将离散的数据生成函数的形式,以及将生成的指标函数进行一致无量纲化处理。本书所涉及的函数型数据生成拟采用最小化残差平方和:

$$PENSSE^i_{\lambda m} = \sum_{j=1}^{J} \left[x_t(t_j) - \sum_{k=1}^{T_i} c_i, k\phi_k(t_j) \right]^2 + \lambda \int [Dx_i^{(m)}(t)]^2 dt$$

其中λ为平滑参数,权衡估计的精度与平滑程度,λ的取值由留一广义交叉验证(Leave One Out Cross-Validation LOO—CV)法则选择。

对于指标函数的无量纲化,这里主要是在动态时序数据的无量纲化方法的基础上进行扩展研究,具体包括:基于标准序列法的扩展、基于全序列法的扩展、基于增量权法的扩展、基于标准化方法的扩展。并将上述四种方法在基函数形式下进行展开。

2.针对综合评价的指标数据为函数时,研究指标权数的赋权方法及权函数的生成方法

评价中的权数确定方法有很多,其中"拉开档次法"是一种非常有效的客观的科学方法。郭亚军(1995)做了深入的研究,但是该方法只适合于传统的静态综合评价问题。对于动态综合评价,郭亚军(2002)又提出了"'纵横向'拉开档次法"进行赋权。笔者在上述基础上,提出了一种适用于解决函数型数据综合评价的"'全局'拉开档次法"。使用 Matlab 软件,得出各个指标函数在一段时期的权数。

3.函数型数据综合评价的集成方法

函数型数据综合评价集成的基本思路有两个:一是针对离散数据,讨论其集成过程后,得到评价结果,然后将评价结果函数化,即"离散数据"→评价集成→"函数"的路径;另一个思路是将函数型数据当成一个整体去讨论它的集成问题。这里面又包含两种情况:一种情况是指标数据为函数,但权数离散;另一种情况是指标数据和权重数据均是函数状态。两种情况的路径均为"函数"→评价集成→"函数"的路径。

第一种思路的评价过程和动态综合评价一致。为体现"时空性"对于评价系统的影响,提出 STOWA(或 STOWGA)算子—先时间后区域和 TSOWA(或 TSOWGA)算子—先区域后时间。最后的主要着眼点是对综合评价结果的函数化分析。第二种思路,最常用的集成模型:线性模型、非

线性模型和理想点法。考虑将三种方法基于函数型数据角度进行扩展研究。第三种思路，从多元统计分析方法的角度出发，直接将多元函数"压缩"成我们需要的评价函数。其中，第二种思路主要将传统的点值扩展为函数形式。对于第三种思路，这里主要讨论函数型多元统计方法在综合评价中的应用。

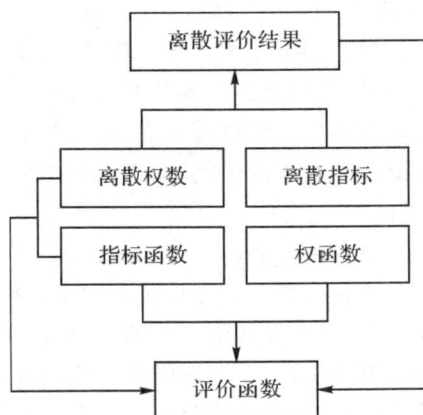

图 1-1 函数型数据综合评价的集成思路

4. 综合评价结果（评价函数）的函数型聚类分析方法扩展

提出评价函数的排序或分类方法，并将函数型主成分分析和聚类分析用于综合评价结果的排序或分类中。

首先从传统聚类分析方法到函数型数据分析方法，通过已有文献提供的研究思路，梳理出目前函数型聚类分析方法的主要研究方向——基于函数型数据的相似性度量的研究。然后，从函数型数据的相似性度量这个角度出发，发现现有研究主要是从基于函数型数据数值距离的相似性度量和基于函数型数据曲线形态的相似性度量中的某一个方向单独展开的。其中，针对基于曲线数值距离的相似性度量，本书主要介绍了两种函数距离的计算方式，即基于基函数距离的相似性度量以及基于基函数展开系数距离的相似性度量，并介绍了欧式距离、绝对距离等几种常见的距离度量的函数形式。而针对基于曲线形态的相似性度量，本书主要介绍了基于导数距离的相似性度量以及三种基于极值点的相似性度量，并用实例对比了几种方法之间的侧重点以及优劣性。最后，依据两种相似性度量的特点，本书提出了一种基于极值点偏移补偿的相似性度量，希冀同时测度函数型数据数值距离和曲线形态的相似性。

进一步,本书介绍了多指标函数型数据的 q 型聚类,即针对多项指标的函数型数据,对样本进行聚类。本书对比多指标面板数据与多指标函数型数据的特点,将多指标面板数据的聚类方法拓展至多指标函数型数据。此外,从多指标函数型数据的多项指标综合角度出发,将传统的熵权法拓展至函数型数据领域,应用于多指标函数型聚类分析。

最后,结合本书所提出的函数型数据分析方法对上证 50 股票池的价格曲线进行聚类,通过比较不同模型的聚类结果,更加直观地体现各种模型的优缺点,体现函数型聚类分析方法相比传统聚类分析方法的优势以及兼顾数据距离和曲线形态的相似性度量的优势。此外,针对股票的股价和成交量两个最重要的指标进行了两个指标的函数型聚类,与传统的多指标聚类方法进行对比分析。

5.其他动态综合评价方法扩展

本书结合当前国内外区域智力资本研究现状,从人力资本、结构资本、关系资本、创新资本四个方面出发构建浙江省的城市智力资本综合评价指标体系,以 2016—2018 年浙江省 11 个地级市的相关数据为基础,运用极差标准化法和灰色关联算法,计算评价指标权重、智力资本水平期望值,进而利用 2016—2017 年的相关数据对构建完成的 BP 神经网络评价模型进行训练,得到网络的训练精度为 99.993%,并以 2018 年的相关数据为测试集,对训练完成的网络模型进行测试,测试误差为 1.567×10^{-7},说明训练出来的网络在测试集上的预测效果非常好,准确率几乎达到了 100%。所以本书构建的该 BP 神经网络智力资本评价模型可以对未来浙江省各地的智力资本进行预测以及评价。

本书提出了基于灰色关联度的动态综合评价方法,并应用于全国主要一线城市的"三新化"研究中。课题基于"三新经济"的发展要求以及新时期城市化的发展理念,提出了"'新经济'下城市"的概念,构建"新经济"下城市综合评价指标体系。利用灰色关联度评价方法对杭州及"一线城市"的"三新化"进行综合评价分析比较,得出了以上各城市的创新能力发展现状及差距。

二、研究框架

本书的研究框架如图 1-2。

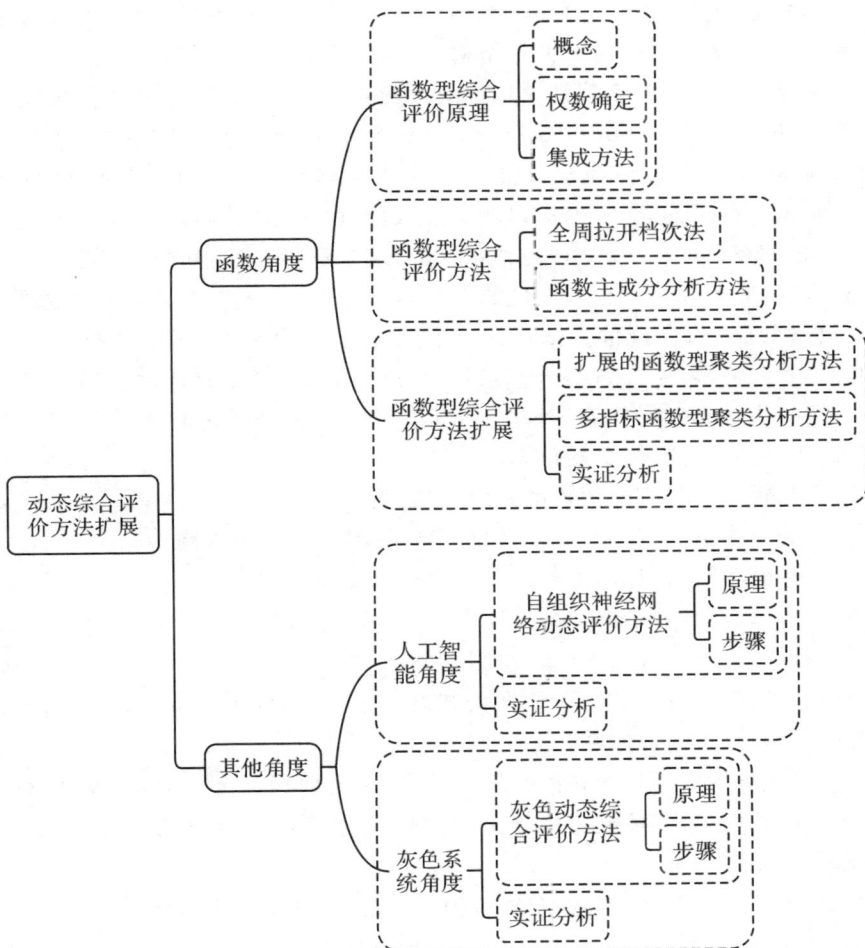

图 1-2　本书的研究框架

第三节　多指标（变量）综合评价的基本问题

多指标（变量）综合评价构成的基本要素有评价对象（系统）、评价指标体系、评价专家（群体）及其偏好结构、评价原则（评价的侧重点和出发点）、评价模型、评价环境（实现评价过程的设施）。各基本要素有机组合构成了一综合评价系统（comprehensive evaluation system）。一旦相应的综合评价系统确定之后，则该综合评价问题就完全成为按某种评价原则进行的"测定"或"度量"问题（王宗军，1998）。这种"评价原则"可以理解为一种评价方法，邱东（2003）曾指出多指标（变量）综合评价方法包含了不同学科的多种方法，它不仅是一个开放性的系统，也是一个发展中的系统。一方面，多指标（变量）综合评价方法所属学科是多学科交叉的，在进行系统分析中，它始终围绕着一个目的——化多个指标（变量）单方面评价为整体性评价。另一方面，多指标（变量）综合评价方法系统需要不断将新的学科吸纳进来，不断充实、完善、更新该系统。

多指标（变量）综合评价的一般步骤为：

首先是多指标（变量）综合评价的准备阶段，这里主要包括：

（1）确定评价目标和评价对象（系统）$s_1, s_2, \cdots, s_n$。

（2）选取评价指标 $x_1, x_2, \cdots, x_m$，每个指标都从某一个侧面反映评价对象（系统）$s_j(j=1,2,\cdots,n)$ 的发展状况，故 $x_j=(x_{j1}, x_{j2}, \cdots, x_{jm})$ 为评价对象（系统）$s_j(j=1,2,\cdots,n)$ 的状态向量，它构成了多指标（变量）综合评价系统的评价指标体系。

（3）评价指标的测度和预处理，这里包括定性指标定量化，以及评价指标的一致无量纲化（规范化），不失一般性，假定预处理后的指标为 $x_1, x_2, \cdots, x_m$。

其次是多指标（变量）综合评价的核心阶段，这里主要包括：

（1）确定每个指标 $x_1, x_2, \cdots, x_m$ 在评价体系中的权数 $\omega_1, \omega_2, \cdots, \omega_m$ 大小，$\omega_j \geqslant 0$，$\sum_{j=1}^{m} \omega_j = 1$，当评价对象（系统）在给定时刻的评价指标值确定后，权重系数确定的合理与否，直接影响着评价结果的合理与否。

（2）综合评价集成模型的确定，多指标（变量）综合评价的主要目的是化多个指标（变量）单方面评价为整体性评价，如何将单项评价值合成总评价值，即选择科学合理的合成模型是多指标（变量）综合评价一个非常重要的模型问题。假定多指标(变量)综合评价的集成模型用 $y_j = F(\omega; \tilde{x}_j)$ 表示,其中 $F(\cdot, \cdot)$, $\omega = (\omega_1, \omega_2, \cdots, \omega_m)^T$, $x_j = (x_{j1}, x_{j2}, \cdots, x_{jm})$, y_j 分别表示综合评价集成函数,各个评价指标(变量)所对应的权重系数,第 j 个评价对象(系统)的状态向量,第 j 个评价对象(系统)的评价结果。因为不同集成模型代表了不同的评价思想或评价原则,从而对综合评价结论会产生较大影响。

最后是体现多指标(变量)综合评价的基本作用——对综合评价结果的分析。这里主要是依据综合评价值对评价对象(系统) $s_j(j = 1, 2, \cdots, n)$ 进行排序或分类,或依据评价目的赋予评价结果新的含义,进行统计分析。

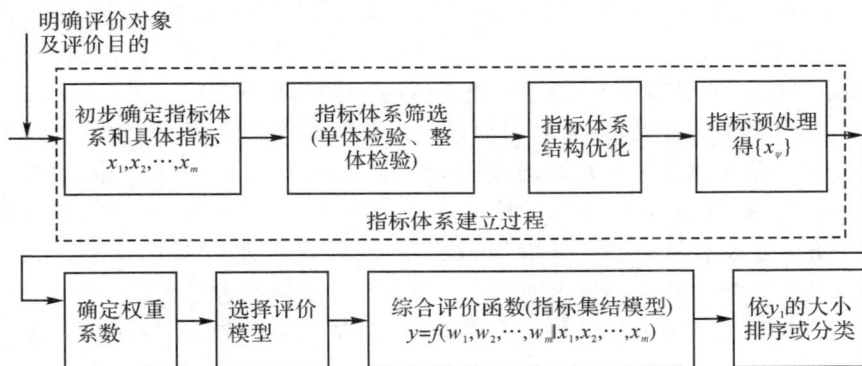

图 1-3 多指标(变量)综合评价的基本步骤图

第四节 现代综合评价理论的发展趋势[①]

综合评价是指对评价对象进行某种层面或某种角度的评估,是在考虑评价目的的基础上,通过测定或衡量评价对象的某个或某些属性,来综合评估其在某一时间节点或某一时间段内的功能、业绩等。

综合评价是一项系统性和复杂性工作,是人们认识事物、理解事物并影响事物的重要手段之一,它是一种管理认知过程,也是一种管理决策过程,在经济、社会、科技、教育、管理与工程实践等领域具有大量广泛的应

① 孙利荣:《现代综合评价理论的发展》,《中国统计》2009 年第 6 期,第 59—61 页。本书在此基础上进行了扩充、丰富。

用。本书就现代综合评价理论的发展，从其方法、手段、应用及数据形式的变化等四个方面对其进行解剖、归纳并对其今后的发展思路进行探讨。

一、综合评价方法日益复杂化、数理化

综合评价，指通过一定的数学函数（综合评价函数）将多个评价指标值"合成"为一个整体性的综合评价值。可以用于合成的数学方法很多，我们要根据决策的需要和被评价系统的特点来选择合适的方法。综合评价方法也是一个系统，包含了不同学科中的多种方法。系统的组成是以"功能"为准则的，只要是能用于综合评价的方法都可以看作系统的成员。随着人们对评价理论、方法、应用展开多方面的、卓有成效的研究，各种出发点不同，解决问题的思路不同，适用对象不同的方法接踵而来。

随着科学的发展，不同知识领域出现相互融合和交叉的趋势，管理科学的发展正是如此。一方面，管理科学不断引入系统科学（系统论、信息论等）以及许多其他技术方法（计算机技术、工程技术等）的研究成果，以全新的视角和方法促进管理科学取得新的突破；另一方面，不同方法的综合和交叉也促进新方法和新思想的产生。综合评价的研究也是如此。

由于综合评价对象系统常常是社会、经济、科技、教育、环境和管理等一些复杂的系统，因此各种各具特色的综合评价方法取得了卓有成效的研究。

1. 单一综合评价方法

（1）专家评价方法：专家打分综合法。

（2）运筹学与其他数学方法：层级分析法（AHP）、数据包络分析方法（DEA）、多元统计分析方法、模糊综合评价法。

（3）智能化评价方法：基于人工神经网络的评价方法、基于粒子群算法的综合评价方法、基于蚁群算法的综合评价方法。

（4）新型评价方法：灰色综合法、信息熵理论评价法、网络层次分析法、基于粗糙集的综合评价方法、基于支持向量机的综合评价方法、基于结构方程模型的综合评价方法、集对分析法、基于可拓学的综合评价方法、投影寻踪法、证据推理法。

（5）工程经济学中的各种经济分析评价方法：静值法、内部收益率法、收益成本比法、价值工程分析法。

（6）多属性决策方面：理想解法（TOPSIS）、ELECTRE法、递阶综合评价法、协商评价法、具有激励（或惩罚）特征的动态综合评价方法、基于小波网络的多属性综合评价方法、TODIM 法、PROMETHEE 法。

综合评价有赖于方法的选择，多种逻辑上可行的评价方法针对同一评价对象集可能得到不同的评价结果。那么方法的优劣就自然成了一些学者的研究主题。但是各种方法的提出都有其特殊的背景和意义，因而都有其各自的应用范围。也就是说，方法的优劣没有绝对的甄别标准，单纯从方法的机理上判别方法的好坏是不可行的。为此，一些学者从另一个角度出发，提出了组合的思想。

2.组合综合评价方法

组合综合评价方法是对两种或两种以上的综合评价方法进行集成的方法。组合综合评价有广义与狭义之分。狭义的组合综合评价包括同一评价范围不同方法之间的"平行组合"，不同层次或不同子系统采取不同评价方法的"衔接组合"，不同评价思想集成的新的评价方法。它可以是全程型的，也可以是阶段型的。广义的组合综合评价则其指标体系可以是不同的。对现阶段的组合综合评价研究成果总结如下：

（1）群组评价：以群体作为评价主体的组合评价方法能聚集更多方面的信息，克服个体评价时认识的片面性，减少与实际情况的偏差，同时可避免评价过程中的个人因素，减少主观臆断和个人色彩对评价结论的影响。

（2）动态组合综合评价：社会经济现象一直处于不断发展的状态中，组合综合评价也应与时俱进，从动态的角度反映现实。狭义的动态是指最终的评价结果的动态变化，即采用相同的方法产生被评价对象在不同时点的序列值。广义的动态是指对组合综合评价的各个环节进行动态化。

（3）复杂数据评价：随着信息社会的发展，人们面临的决策问题也越来越复杂，通常很难用一种数据形式对问题进行全面描述，因此采用多种数据形式从不同侧面描述同一问题成为一种必然趋势。对多种数据形式（如精确数、区间数、模糊数、语言信息）进行组合综合评价是现在的研究热点。

（4）新方法的集成：随着研究的深入和技术的发展，新的综合评价方法不断涌现。新的综合评价方法开始与其他综合评价方法结合，形成了新的组合评价方法。如灰色组合综合评价、模糊组合综合评价、集对投影寻踪评价等。

（5）考虑评价者的心理行为：在组合综合评价中，有很多方面与评价者的主观意识有关。所以关注评价者的心理行为（如前景理论、后悔理论、失望理论）对组合综合评价有十分重要的意义。如果忽视评价者的心理行为，将可能导致组合综合评价结果不能准确反映事实。

对两种或两种以上的综合评价结果（或评价技术）进行集成的技术即

组合评价技术。组合评价不仅是权重的组合和最终评价值或相对名次的组合,它有广义和狭义之分(苏为华等,2007)。狭义的组合评价既包括同一评价范围(指标体系或子体系)不同方法之间的"平行组合",也包括不同层次或不同子系统采取不同评价方法的"衔接组合",甚至于将不同评价思想混合而成为新的评价方法的综合,它既可以是全程性的,也可以是阶段性的。而广义的组合评价其指标体系可以是不同的。例如,模糊层次分析法 FAHP(张吉军,2006)。基于 AHP 与 DEA 结合的方法确定供应商评价准则的综合权重,AHP、专家洞察法与 ANN 方法结合的综合定权。AHP与灰色综合评价法的集成等模糊综合评判与数据包络分析方法的集成等。日益复杂的方法不断涌现。总的来说,目前关于评价组合(集成)的问题还处于初探阶段,相关的研究成果总结如下:

评价方法的数理化特点主要指多元统计方法的使用,例如主成分分析、因子分析、聚类分析、判别分析等方法的渗入和使用,这些方法在环境质量、经济效益的综合评价以及工业主体结构的选择等方面得到了应用。另外,综合评价关于统计学习理论方面的应用也是其数理化的一个表现。

二、手段上,日益多样化、程序化,智能化

智能是指人们认识事物、运用和创新知识解决问题的能力。它包括运用知识认识新事物、学习新方法、创造新思维、解决新问题等的能力,智能水平主要表现在对事物认识的深度、广度以及运用知识解决问题的质量和速度上。随着实际评价系统日益大型化、数字化、智能化和集成化,研究系统评价问题已避不开它的复杂性,常规的系统评价方法已难以胜任复杂系统评价问题中涉及多层次多因子的综合评价。

单一的经济评价方法存在明显缺陷,过分地依赖运筹学所建立起来的数学决策模型容易使问题失真。常规的方法很难结合或利用专家和决策者在系统评价时所做的选择和判断过程中所蕴含的经验知识和智慧,很难利用系统评价过程中的思维规律和人脑的智能特征,很难进行定性分析与定量计算的综合集成。组合评价(评价方法的集成)也只能减少单一方法产生的偏差,实践中不太容易确定。不同评价方法的权重也只能简单地等权处理。钱学森(2001)提出在解决复杂系统问题时,在难于或不适宜建立数学模型的场合,要综合利用人的知识经验和人工智能。模糊识别知识工程等方法建立知识模型,越过数学模型的障碍,直接将知识模型转化为计算机模型。目前,模型智能方法为解决系统评价新问题开辟了可操作的新

的有效途径。

（一）图形辅助综合评价

图形具有综合性、直观性、判别一致性，可以将复杂问题简化为图形识别，所以以图形作为综合评价的辅助方法是必要的。郑惠莉等通过提取雷达图的面积和周长作为综合评价指标的特征向量，再由特征向量产生系统评价向量，最后按评价函数计算各评价对象评价价值，给出评价对象的综合评价结果。陈勇等针对传统的雷达图评价方法中特征向量面积和周长与评价指标的排序密切关联，造成评价结果的不确定性问题，改进雷达图评价方法，通过提取依赖于扇形图形的特征向量面积和周长，构造评价向量和评价函数进行定量的综合评价，使评价结果具有唯一性。周金明等通过采用雷达图各指标轴之间的夹角表示指标的重要程度，简化综合评价函数为特征值分量的几何平均值法，采用有序加权的雷达图综合评价法，使评价结果不再受评价者主观取向的影响，评价结果具有唯一性。

（二）云模型理论辅助综合评价

应用云模型理论，用语言值定性描述定性概念与其数值表示之间的不确定转换关系，使评估结果除了保留传统定性划分所具有的优点以外，也更加符合实际的数据分布和人的思维方式。胡涛等将云模型与物元理论相结合，重点分析了云与数值、云与数值区间以及云与云之间的关联度计算方法，构建了云模型与物元理论相结合的综合评价模型。沈进昌等利用正态云模型代替模糊隶属函数，提出了基于云模型的模糊综合评价方法。李振福、黄蕴青利用云模型的三个数字特征建立评价等级，借助正向云发生器确定模糊隶属度矩阵和在不同隶属度情况下的云模型综合评价值，确定了我国海洋产业的发展情况。

（三）计算机辅助综合评价

实际综合评价往往是非常复杂的，各个因素之间互相影响，呈现出复杂的关系。为解决上述问题，人们引入了计算机算法，包括专家系统、机器学习、人工神经网络、蒙特卡罗模拟方法、遗传算法等。

综合评价涉及大量的定性和定量数据处理，这些都是评价工作者手工难以完成的，因此开发综合评价软件或综合评价支持系统是非常有必要的。傅荣林、秦寿康等基于智能两级可重用模型对象库及其动态管理系统，构建了一个效率高、适应性强的智能综合评价决策支持系统。郭亚军提出了基于"数据集—方法集—结果集—组合评价—神经网络"整体评价模式而开发的集成式智能化评价决策支持系统（IIEDSS）。杜栋等则希望建立一个能够对评价工作提供全方位、全过程支持的现代综合评价系统（MCESS）。

（四）遗传算法的智能技术

遗传算法是21世纪计算智能的关键技术之一，它把一族随机生成的可行性的编码作为父代群体，把适应度函数（目标函数或它的一种变换形式）作为父代个体适应环境能力的度量，经选择操作和杂交操作生成子代个体，后者再经变异操作，优胜劣汰，如此反复进行迭代，使个体的适应能力不断提高，优秀个体不断向优化问题的最优点逼近（金菊良，1997—2000）。GA可视为介于确定性优化方法与完全随机型优化方法之间的一类新的优化方法（金菊良，1998、2000）。与许多常规优化方法相比，GA是一类理性的稳健优化方法。对于一个系统评价模型的优点问题，我们只需选择或编制一种具体的GA实现方案，按待求问题的目标函数定义一个适应度函数，然后就可以用GA来求解，而无须知道实际问题的解空间是否连续、线性或可导，而且GA具有全局优化的能力。用基于GA的程序设计方法则可以自动寻找最优函数形式（评价对象函数，评价指标函数，指数测度函数，综合评价指标函数等）。

（五）模拟人脑结构的人工神经网络方法

ANN结构和工作机理基本上是以人脑的组织结构（大脑神经元网络）和活动规律为背景的，它反映了人脑的某些基本特征，但并不是要对人脑部分地真实再现，可以说它是某种抽象、简化或模仿。参照生物神经元网络发展起来的人工神经网络现已有多种类型。基于BP神经网络、Hopfield神经网络、有组织竞争神经网络，概率神经网络等都在综合评价中有较高的应用。神经网络所要解决的问题，不需要预先编制出计算程序来计算，只需给它若干训练样本，它就可以通过自学来完成，并且有所创新，它具有自适应和自组织能力，可以在外部环境中不断改变组织、完善自己，且具有很强的鲁棒性，较强的分类、模仿识别和知识表达能力，善于联想、类化和推理。它的这些优点，使它能广泛地应用于综合评价中。

（六）模拟发散思维的蒙特卡罗方法

作为一类统计相似方法，蒙特卡罗方法是在计算机上进行的统计实验,以模拟随机文件的发生概率的一类数值方法,它处理的一般步骤是:首先模拟[0,1]区间上的均匀随机数序列 u_i,然后依据实际系统问题所建立的随机模型将之转换成所研究的随机变量序列化 x_i,最后直接依据 x_i 序列的统计特性,或把 x_i 序列作为评价统计输入,经系统转换得到大量系统输出序列,来解决各种复杂的系统评价问题。在复杂系统评价中存在许多随机型指标,许多评价指标影响系统评价目标的程度往往也具有随机性,在具体确定指标测度函数、综合评价指标函数等过程中都可以从随机变量的概率分布函数中获取,蒙特卡罗方法正是基于这一点。利用计算机产生的均匀随机数,在概率分布函数或近似概率分布函数中进行大量人工抽样,有大样本理论,当随机试验次数充分多时,r.v 的频率实际上等价于 r.v 的概率,这就是蒙特卡罗方法的理论依据。

(七)基于粗糙集理论的评价方法

粗糙集理论是波兰学者 Pawlak 于 1982 年提出的一种处理模糊性和不确定性的数学工具。利用粗糙集可以评定特定条件属性的重要性,建立属性的约简,从决策表中去除冗余属性,从约简的决策表中产生决策规则,并利用规则对新对象进行决策。其传统建模过程主要包括对数据的预处理,连续属性的离散化,数据约简,发现依赖关系,规则生成和分类识别等多种方法。其应用领域包括股票数据分析、专家系统、经济金融与工商领域的决策分析等,为处理不确定信息提供了有力的分析手段。

智能化的评价方法的研究主要有:王宗军(1995)基于 BP 神经网络提出了一种综合评价方法,既能充分考虑专家经验和直觉思维,又能降低评价过程中人为不确定性因素的影响,具有较高的问题求解效率;陈海英等(2004)提出了基于神经网络的指标体系优化方法;杜栋(2005)系统地探讨了人工神经网络评价法;陈国宏(2005)提出了基于粗糙集和信息熵的组合评价方法;王富忠、沈祖志等(2007)将 AHP 和粗糙集相结合进行二阶段求解;陈洪涛等(2007)引入粗糙集属性约简规则来消除指标体系中常见的冗余指标和关联指标。

总之,应用遗传算法、人工神经网络方法、蒙特卡罗方法、粗糙集等模拟智能方法在复杂系统评价问题中是必要的、可行的。掌握和改进各种常规系统评价方法、探索新的系统评价理论、模拟其方法论,以便选择正确的决策方案,将智能算法与其他评价方法相互融合,专业知识与计算技术密集交叉的前沿性研究将是进一步研究的方向。例如,MCE 是一个包括 AHP、Fuzzy 和 Gray 三种综合评价方法的软件包,已被广泛运用于现代综合评价的实践中。秦寿康（2003）提出综合评价决策支持系统（IEDSS）由数据库管理系统和评价方法（模型库）管理系统组成；陈国宏（2007）建立了一个面向一般用户的通用计算机集成综合评价支持系统，这种系统具有良好的用户界面和可扩充性；郭亚军（2007）提出了一种基于 DMRCN 模式导向的综合评价决策支持系统设计思路并进行了开发，形成了一套具有集成、智能、通用特征的集成式智能化评价决策支持系统（IIEDSS），这一系统具备集成多种方法的框架结构，为进一步开发大型评价决策支持系统奠定了基础。但是通用的大型综合评价软件十分缺乏，因此有必要在软件的设计与开发上投入更多的精力，开发网络环境下的集成式智能化的综合评价决策支持系统。

从综合评价方法实现的手段看，随着方法本身难度越来越大，专业化、软件化程度越来越高，实现的工具包括传统的计算机程序语言、GPSS 语言、SLAM 语言和 MATLAB 语言等。

三、不同数据类型的综合评价方法

数据类型大致可以分为截面数据、时间序列数据和函数型数据。李崇明（2010）基于时间序列数据，对厦门市的可持续城市化进行了综合评价，这对时间序列数据的综合评价方法有参考作用。本书从社会、经济、资源与环境四个子系统来反映可持续城市化的时间序列指标，建立相应函数，引入可持续城市化的协调度和持续度，综合得到可持续城市化的综合评价模型，通过查阅统计年鉴，得到 2000—2007 年间的数据，利用最小二乘法对厦门市的城市化及四个子系统的发展趋势进行拟合，得到厦门市的城市化状态在 2000—2007 年的总体趋势是上升的。刘艳[①]（2012）基于 2008 年广东经济普查的截面数据，来综合评价广东工业行业科技原创力的发展水平。从科技原创力的投入、产出、绩效与环境四个方面中的 15 个指标来构建工业行业的科技原创力综合评价指数体系，主要运用主成分分析法，选取了四个主因子——资源投入与产出因子，活力因子，经费投入绩效因子，外部创新环境因子，来计算综合得分，按照一定尺度，将 35 个工业行业分为科技原创力综合水平较高、综合水平一般、综合水平较差三类。对其进行主成分分析，得出广东各行业在科技原创力的投入上区别不大，但产出

---

① 李崇明：《基于时间序列分析的可持续城市化综合评价模型及其应用》，《科技进步与对策》2010 年第 24 期，第 49—52 页。

有较大差异,广东各行业的生产活动较少依赖技术研发活动。严明义[①](2007)在我国首次将函数型数据用于综合评价中,来进行生活质量分析,与截面数据、时间序列数据相比,函数型数据可以提供更多的信息。将生活质量评价进行函数型主成分分析,首先计算综合得分来研究个体生活质量的情况,这与普通的主成分分析相一致。但是需要从时间变化的图像曲线上看出特征和规律,以上的主成分分析就不适用了,就需要对函数进行修匀处理。同时要从不同的区域和群体等地理原因来探讨生活质量差异就需要一个新的方法——函数型方差分析。函数型主成分分析和方差分析方法明显优于传统方法。苏为华[②](2013)在前人研究的基础上,指出了什么是函数型数据分析,并给出了将函数型数据光滑的办法,以及函数型数据下综合评价的定义。如今只有拉开档次法和"纵横向"拉开档次法分别适用于静态与动态的综合评价问题,但并不适用于函数型数据,在这个背景下提出了全新的确定权数的方法——"全局"拉开档次法,并介绍了确定权数的具体步骤,并通过实际应用说明了其与一般确定权数的方法相比,具有更明确的直观意义和几何意义,更具有可比性,可以清楚地看到各个评价函数在一段时间内的发展过程等[③]。

四、综合评价应用范围更广,体系更庞大、宽泛;应用更加深层次化

综合评价作为一种认知过程,体现的是人们按照一定标准对客体的评价所做出的判断。

从 20 世纪 80 年代的"功效系数法"开始,统计综合评价作为社会经济统计学的一个重要研究领域,被应用于各行各业的经济效益综合评价实践。包括多元统计评价方法、模糊综合评价方法等在内的多种方法均得到了广泛的应用。同时,有关综合评价的思想也被应用于诸如生活水平、环境质量、交通安全系统等领域的测评活动。

20 世纪 90 年代,综合评价吸引了一大批系统工程、管理科学、决策学、

---

① 刘艳,黄荣斌:《广东工业行业科技原创力的综合评价——基于 2008 年广东经济普查的截面数据分析》,《广东行政学院学报》2012 年第 3 期,第 81—86 页。

② 严明义:《生活质量的综合评价:基于数据函数性特征的方法》,《统计与信息论坛》2007 年第 2 期,第 13—17 页。

③ 苏为华,孙利荣,崔峰:《一种基于函数型数据的综合评价方法研究》,《统计研究》2013 年第 2 期,第 88—94 页。

运筹学等研究领域的专家学者,从而使得综合评价的应用呈现出前所未有的多样化。众多学者在理论层面对综合评价理论和方法进行了系统的研究和探索,出现了一大批有影响的专著,如陈挺的《决策分析》(1987),顾基发的《评价方法综述》(1990),邱东的《多指标综合评价的系统分析》(1991),陈晓剑、梁樑的《系统综合评价方法》(1993);郭亚军的《多属性综合评价》(1996),王宗军的《综合评价发展综述》(1998),彭勇行的《管理决策分析》(1998)等都对综合评价的基本理论问题进行了总结和归纳,对多指标综合评价技术做了详细的评述。21世纪,诸多学者对综合评价进行了系统性的研究,出版了一大批专著和成果。苏为华(2000)初步建立了综合评价理论与方法体系,对综合评价原理、指标理论、权数等问题进行了全面研究,提出了"效用函数综合评价模型"并对模糊数学在综合评价中的应用进行了系统研究,并著有《综合评价学》。此处还有郭亚军的《综合评价理论与方法》(2002),秦寿康的《综合评价原理与应用》(2003),郭亚军的《综合评价理论、方法及应用》(2007),陈国宏的《组合评价及其计算机集成系统研究》(2007),金菊良、魏一鸣的《复杂系统广义智能评价方法与应用》(2007)等。

在综合评价理论研究不断深化的同时,一大批应用层面的综合评价论著也相继问世。例如关于国际竞争力统计模型及应用的研究,中国制造业产业竞争力评价和分析的研究,中国区域国际竞争的评价,经济增长方式评价、上市公司评价、中国小康社会及现代化评价的研究,大学综合评价的统计研究(庄赟,2008)等。所有这些应用表明综合评价应用的范围更加广泛,体系越来越庞大了,体系更宽泛,不再拘泥于单纯的测评,而是针对某一特定问题,有自己一整套相对完整的理论与方法体系,完全可以作为一门学科来研究。

综合评价技术应用领域越来越广,也越来越复杂。运用现代科学理论、方法和技术,研究我国社会经济、水土资源、生态环境等各复杂大系统的历史和当前运行状态,进行定性与定量相结合的动态分析与综合评价,预测未来发展趋势,提出协调对策和实施方案,建立动态监测和预警信息系统,显然具有重大的科学意义和广泛应用价值。

综合评价理论与方法的应用方面,例如:面向航天交通等巨系统的综合评价,企业绩效综合评价,非营利性组织绩效及评价研究,信用综合评价的理论与方法,科学技术的综合评价理论与方法,复杂系统的可靠性评价方法,危机/灾害影响的综合评价,转型时期的中国科技资源整合、配置及综合绩效评价,城市发展质量和水平的综合评价方法,公共政策的执行与绩效评价及公共服务供给方式的选择与评估,开发面向商业应用的大型评价决策支持系统等。我们可以看到,随着综合评价理论的不断发展,其应用范围更广,体系更庞大、宽泛。

应用深层化主要表现:随着综合评价的重要性日益凸显,应用界对特定领域专用的综合评价方法的需求也越来越大。刘树,李荣平等(2000)对科技进步综合评价做了系统而深入的论述,提出了许多新颖而独到的观点和方法,对于科技进步综合评价方法的研究具有较高的学术价值,对于实施科技进步综合评价、建立科技进步决策支持系统具有重要实践意义。杨永德、陆军等等(2004)人利用现代统计分析方法,在对区域旅游产业综合实力进行科学界定的基础上,首次系统地构建了评价省域旅游产业实力的定量评价指标体系,并对各个省市进行了综合评价。方先知(2004)运用层次分析法等对土地利用进行应用研究,并从农用地、建设用地、土地生态环境及综合效益的角度,提出具有普遍适用性的土地利用综合评价体系。

五、综合评价存在问题及研究趋势

综合评价是由统计学科体系发展起来的一种定量认识客观实际的手段,定量的管理工具,随着科学的不断发展,不同领域知识的不断融合、交叉,现在已与多种学科相联系。随着决策学、系统工程、管理科学与工程等众多研究领域的专家们研究工作的开展,综合评价吸引了众多不同背景研究人员的参与,新的评价方法与评价思想层出不穷,日渐增多。可以说经过多年的发展,评价方法实现了多学科多领域的交叉和整合,例如金菊良、魏一鸣等(2008)对复杂系统的广义智能评价方法与应用做了系统的阐述。郭亚军(2007)提出由时序立体数据表支持的综合评价问题,定义这类评价问题为动态综合评价问题。并将综合评价技术扩展到基于动态时序数据形式,从综合评价的各个环节进行了系统的研究,确定了动态综合评价的整体框架。陈骥(2010)对基于区间数的综合评价问题进行了系统的研究,基本确定了区间数评价的研究框架。李远远(2009)基于粗糙集进行指标体系构建及综合评价方法研究。严明义(2007)首次基于数据函数性特征的方法进行研究,但只是就函数型主成分的综合评价方法做了初步尝试,没有进行系统的研究。

综合评价主要由指标体系的建立、指标权重的确定、评价方法的选择三个重要步骤组成。各种各样的研究都是围绕着这三个方面展开的。设 $X = (\tilde{x}_1, \tilde{x}_2, \cdots, \tilde{x}_m)$ 为系统选取的 m 个指标,$Y = F(X)$ 为综合评价模型,

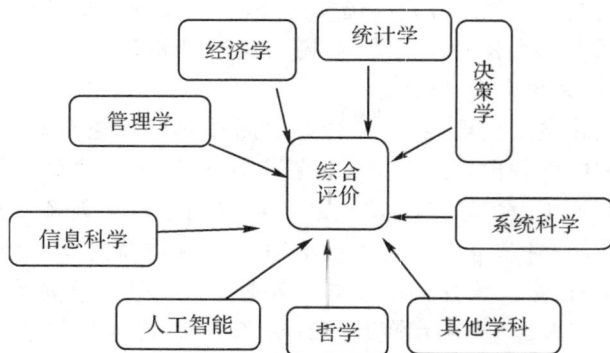

图 1-4　综合评价受多学科影响的图表

$Y = (y_1, y_2, \cdots, y_n)$ 为评价结果。虽然综合评价的结果用数字表示,但其评价结果并不具有数学意义上的精确性,而只能大体反映被评价对象的特点,其评价结果的准确与否并不是绝对的,而只有借助必要的定性分析,才能解决其结果的合理性问题。因此虽然综合评价方法复杂,手段多样化,应用广泛化,最终都需要结合定性分析进行合理分析。

　　基于综合评价科学性制约,苏为华、陈骥(2006)提出从三个方面探讨综合评价基于区间数的形式进行扩展的原因,他们指出可以采用区间数对综合评价中的传统点值数据进行扩展,并将这种评价技术称之为区间数评价。他们指出采用区间评价技术主要解决:区间指标的无量纲化问题,区间数运算的规则问题及与区间数相联系的两个辅助测度——区间可信度和区间精度之间的设计以及它们的平衡关系。杨淑霞等(2005)研究了区间数信息下的用电户信用评价问题。陈骥(2010)将综合评价的数据结构从点值情况扩展到区间数情形,初步形成基于区间数综合评价的理论研究框架。

　　综合评价的最基本的目的,即"尽可能按照社会经济状况的实际水平来描述、刻画被评价对象的相对地位"。在传统的综合评价中,数据格式以点值的形式来表现已经不能适应日益复杂的综合评价实践。例如经济管理领域采集的函数型数据,它作为复杂数据结构的一种形式,是以连续平滑的曲线或函数的形式给出。在传统的数据分析中,这些数据被看成离散且有限的,或是单个观测值的顺序排列-时间序列数据或是多个观测对象的顺序排列-面板数据。Mundlak(1961)、Balestra 和 Nerlove(1966)把面板数据引入经济计量中之后,近 20 年来许多学者研究分析了面板数据。面板数据具有缓解数据样本容量不足、控制个体行为差异、识别难以度量因素的影响等诸多优点。但是采用计量经济模型对时间序列数据或面板数据分析依赖很多的假设条件,有很强的结构约束。而且传统的数据分析方法忽略了一些数据的部分函数特征,且一般要求数据的观测点和观测次数相同,而实际中收集到的数据很多时候并不满足这个条件。

现实生活中,人们越来越需要处理具有函数特征的数据(函数型数据)。例如某地区或多个地区的月度或年度国内生产总值和外贸交易数据、证券教育市场产生的多只股票的分时或日均成交价、收盘价等数据。加拿大统计学家 Ramsay(1982)首次提出函数型数据的概念以及函数型数据分析(Functional Data Analysis,FDA)的研究思路和方法框架。FD 的表现形式多种多样,可以是曲线、图像或其他形式的函数图形等。目前国内外的研究主要是将时序数据看成一个完整的时间函数,表现为光滑曲线或连续函数。本书中的指标函数主要是时间的函数;权函数不仅可以看成时间的函数,还可以看成区域的函数,甚至是时间和区域的函数。

所谓多指标综合评价概指对以多属性体系结构描述的对象系统做出全局性、整体性的评价,即建立多个评价指标,并确定与该指标体系相对应的权重系数,对有限的被评价对象(或系统)的运行状况进行排序或分类的问题。多指标综合评价问题吸引了众多不同背景研究人员的参与,新的评价方法与评价思想层出不穷。然而,这些评价方法虽然有着自身显著的优点,但所处理的数据主要是横截面数据和时间序列数据。一切社会现象都处于不断地变化和发展之中,在不同的时点上应具有不同的特性,要求综合评价也能够处理函数型数据。由于实际操作中收集到的样本的离散观测值被视为该函数带有噪声的离散实现,所以与横截面数据或时间序列数据相比,函数型数据能够提供更全面的信息。而且无论是时间序列数据还是面板数据(或纵向数据),都是重复测量数据(Repeated Measures Data)的特殊类型,这里重复测量数据是指对同一个研究对象在不同的时点上进行多次观察获得的观察数据[1]。基于函数的视角,那么重复测量数据也可以视为函数型数据的特殊类型,由此,函数型数据分析(Functional Data Analysis,简称 FDA)的优势相当明显,传统的"点值"数据都可以视为函数型数据在特殊点的取值!

本书的主要工作是对综合评价的数据结构从"点值"情况扩展到函数型数据视角下,我们称此种情况下的综合评价方法为函数型数据综合评价方法,此外本书也将尝试从动态的视角对其他评价方法做一些扩展研究。

---

① 王静龙:《多元统计分析》,科学出版社 2008 年版,第 301 页。

从理论和应用两个方面探讨函数型数据综合评价方法,从整体上对函数型数据综合评价思路进行研究,希冀能为综合评价理论的发展尽一点微薄之力。

第二章 函数型综合评价方法简介

第一节 函数型数据综合评价的定义

一、函数型数据分析的一般过程

Ramsay、Dalzell(1991)指出函数型数据分析是对函数型数据的收集的统计技术。与传统统计学的数据单元为数或向量相区别,FDA 的数据单元为曲线或图像,本书主要讨论基于曲线形式的分析。很多多元统计方法可以直接应用到函数型数据的情形,但是函数型数据分析可以解释观测函数的更多信息。

FDA 的第一步是从函数型数据的光滑开始。因为实际中我们遇到的函数型数据是离散化的取样,故假设基本模型形式为:

$$y_j = x(t_j) + \xi(t_j) , \tag{2-1}$$

j 为观测点的个数,$\xi(t)$ 为误差项。一般我们假设其满足经典的回归假设(独立同分布,均值为 0,方差为 σ^2)。

统计中很多光滑技术可以使用,这里我们选用 B 样条基函数作为代表(常见的基函数有:傅立叶基、B 样条基、Bernstein 基、多项式基、指数基、Wavelet 基等)。令 $\{\emptyset_k\}$ 为取自 Hilbert 空间 L^2 的一组基函数,则存在唯一一组系数向量 $c^T = (c_1, c_2, \cdots) \in l^2$,使得

$$x(t) = \sum_{k=1}^{\infty} c_k \emptyset_k(t) \tag{2-2}$$

这里 L^2 为二次可积函数空间,l^2 为与之对应的序列空间,$\{x(t), t \in T\} i = 1, 2, \cdots, m$,为定义于 T 上的随机过程,于是观测曲线可以看作随机过程的一个实现。实际中,$x_i(t)$ 只看作是有限时间区间上的观测,故

$$x(t) = \sum_{k=1}^{K} c_k \emptyset_k(t) \tag{2-3}$$

这里 $\{\phi_k\}_{k=1}^K$ 为一组基函数，为对应的一组系数，本书假定使用的基函数 ϕ_k 为 B 样条基函数，c_k 为与之对应的系数。常用的基函数还有多项式基、指数基、小波基等。不同指标下的函数型数据可以根据需要采用不同的基函数。我们假定所有指标的样本都使用相同的基函数，但是基的个数 K_i 可以不同。接下来的一步就是通过基函数展开去估计最近似的系数。估计时通常采用最小二乘法，即最小化如下的平方和：

$$\sum_{j=1}^J \left[x_i(t_j) - \sum_{k=1}^K c_{i,k}\phi_k(t_j) \right]^2 = (x_i - \Phi c_i)^T(x_i - \Phi c_i) = \| x_i - \Phi c_i \|_{R^J}^2$$

$$(2\text{-}4)$$

这里 $x_i^T = (x_i(t_1), \cdots, x_i(t_J))$，$c_i^T = (c_{i,1}, \cdots, c_{i,K})$，$\Phi = \{\phi_k(t_j)\}_{j,k=1}^{J,K}$，$J$ 为样本点的个数。

解最小化问题(2-4)得

$$c_i = (\Phi^T\Phi)^{-1}\Phi^T x_i \qquad (2\text{-}5)$$

或采用最小化惩罚残差平方和(Penalized Residual Sum of Squares)

$$\sum_{j=1}^J \left[x_i(t_j) - \sum_{k=1}^K c_{i,k}\phi_k(t_j) \right]^2 + \lambda\int \left[Dx_i^m(t) \right]^2 dt \qquad (2\text{-}6)$$

其中，第二项为粗糙惩罚项(Roughness Penalty)，用来衡量函数 $x_i(t)$ 的平滑程度；m 为导数的阶数，通常取 2 就可以满足一般问题的要求；λ 是平滑参数。在基函数的框架下，λ 为一个参数向量，其数值可通过留一交叉验证(Leave One Out Cross-Validation，LOO-CV)法则选择：

$$CV(\lambda) = \frac{1}{N}\sum_{i=1}^N \left[\frac{y_i - \hat{y}_i}{1 - S(\lambda)_{ii}} \right]^2 \qquad (2\text{-}7)$$

或留一广义交叉验证(Leave One Out Generalized Cross-Validation LOO-GCV)

$$GCV(\lambda) = \frac{ntrace\left[Y^T(I - S_{\phi,\lambda})^{-2}Y \right]}{\left[trace(I - S_{\phi,\lambda}) \right]^2} \qquad (2\text{-}8)$$

其中：$S_{\phi,\lambda} = \phi M(\lambda)^{-1}\phi^T W$，$W$ 为用于处理残差项协方差矩阵的各种可能结构的加权矩阵，$M(\lambda)^{-1} = \phi^T W\phi + \lambda R$，$R = \int D^m\phi(t)D^m\phi(t)^T dt$ 为粗糙惩罚矩阵。

说明：光滑参数 λ 是用来测度函数 $x_i(t)$ 对数据的拟合精度(拟合偏差)与函数本身波动性(曲线样本方差)之间的平衡率的。$\lambda \to \infty$ 时，光滑拟合曲线 $x_i(t)$ 就演变为对数据的标准线性回归，此时 $\int \left[Dx_i^m(t) \right]^2 dt = 0$；另一方面，$\lambda \to 0$ 时，光滑拟合曲线 $x_i(t)$ 就演变为对数据的插值，对所有的

j 都满足 $x_i(t_j) = y_{ij}$。尽管此时是极限状态，但所有的插值曲线都不是随意波动的，它是精确拟合所给数据曲线中最光滑的 m 阶可导函数的。

二、函数型数据下综合评价的定义

设有 n 个被评价对象（或系统），m 个评价指标 $\tilde{X}_1(t), \tilde{X}_2(t), \cdots, \tilde{X}_m(t)$，且在时间区间 $T = [t_1, t_J]$ 获得函数型数据 $\tilde{x}_{i1}(t), \tilde{x}_{i2}(t), \cdots, \tilde{x}_{im}(t)$，$i = 1, 2, \cdots, n$，它们均为时间 t 的函数。当我们对 n 个被评价对象（或系统）进行评价时，可形成如表 2-1 所示的数据表。

表 2-1　多指标函数型数据表[①]

系统＼指标	$\tilde{X}_1(t)$	$\tilde{X}_2(t)$	$\cdots$	$\tilde{X}_m(t)$
s_1	$\tilde{x}_{11}(t)$	$\tilde{x}_{12}(t)$	$\cdots$	$\tilde{x}_{1m}(t)$
s_2	$\tilde{x}_{21}(t)$	$\tilde{x}_{22}(t)$	$\cdots$	$\tilde{x}_{2m}(t)$
$\vdots$	$\vdots$	$\vdots$	$\ddots$	$\vdots$
s_n	$\tilde{x}_{n1}(t)$	$\tilde{x}_{n2}(t)$	$\cdots$	$\tilde{x}_{nm}(t)$

定义 2-1：由多指标函数型数据表支持的综合评价问题，称为函数型数据综合评价[②]，一般表现形式为：

$$y_i(t) = F(\omega_1(t), \omega_2(t), \cdots, \omega_n(t); x_{i1}(t), x_{i2}(t), \cdots, x_{in}(t)), t \in T$$

$$(2-9)$$

这里 $y_i(t)$ 为 s_i 在时间区间 T 内的综合评价函数，当 T 为离散点的集时，即为动态综合评价；当 T 退化为一点时，即为静态综合评价。实际问题中，权数的获得及评级集成函数的选择都是主要研究问题，本书将在后面的章节致力于讨论这些问题。

关于函数型数据综合评价可以这样理解：一种是评价的指标数据是函数型数据，但是权数为离散取值（可能一段时间内权数都是不变的即"时期

---

① 传统的多指标综合评价表中，每个评价对象（系统）的每个指标取值为点值，本书中的每个指标均为函数形式。函数型数据综合评价与传统的综合评价的定义，主要区别是：指标由点值变为函数，权数也由点值扩展为函数形式。特别是权数在一段时间内，可能是连续变化的函数，也可能是逐段变化的，也可能是不变的。

② 函数型数据综合评价与传统的综合评价的定义，主要区别是：指标由点值变为函数，权数也由点值扩展为函数形式，特别是这种函数在一段时间内，可能是连续变化的函数，也可能是逐段变化的，也可能是不变的。

权"，可能是逐段时间变化即"时点权"，此时权数与时间相关，但取值有限个)；一种是指标数据为函数型数据，且各指标权数是动态平衡的，是关于时间的函数即此时权数也是函数型数据；还有一种就是指标数据，权数均是离散的动态形式，将研究对象进行连续的评价后，最后评价结果形成一个"序列"。该序列随着时间的积累具有函数性，形成函数型的评价结果。

第二节　函数型数据综合评价方法介绍(1)
——"全局"拉开档次法

一、多指标函数型数据下指标权重的求法

综合评价的核心是评价指标在不同时刻的权数的确定问题。如何合理充分地利用表 2-1 中的多指标函数型数据表的信息，去确定权数，进而对评价对象(系统)$s_1, s_2, \cdots, s_n$ 在时间区间 $T = [t_1, t_J]$ 的发展情况进行客观的评价或排序，是函数型数据综合评价要研究的主要问题。

评价中的权数确定方法有很多，其中拉开档次法(郭亚军，1996)是一种非常有效的客观的科学的方法。郭亚军对此做了深入的研究，该方法确定权数的原则是尽可能大地去体现传统的静态综合评价中多个评价对象(系统)在一个点上的差异。该差异大小由 $\sigma^2 = \sum_{i=1}^{n} (y_i - \bar{y})^2$ 来刻画，y_i 表示第 i ($i = 1, 2, \cdots, n$)个评价对象(系统)在该时间点的评价值，$\bar{y}$ 表示 n 个评价对象(系统)的评价值的均值。σ^2 越大，则 n 个评价对象(系统)之间的差异越大，当 σ^2 取值最大时得到的权数值便可以作为 n 个评价对象(系统)在该时间点的权数，该权数确定方法被称为拉开档次法。

随着时间的推移和数据的积累，人们开始拥有大量的按时间顺序排列的平面数据表序列，称为"时序立体数据表"(郭亚军，2002)。由时序立体数据表支持的综合评价问题，在不同的时点上研究对象(系统)具有不同的性质，(参数值是动态的)，定义这类评价问题为动态综合评价问题。郭亚军在"拉开档次法"的基础上提出了"'纵横向'拉开档次法"去确定权数。权数的确定原则为在时序立体数据表上最大可能地体现出各被评价对象之间的差异，该差异大小由 $s_1, s_2, \cdots, s_n$ 在时序立体数据表 $\{x_{ij}(t_k)\}$ 上的整

体差异决定,故用 $y_i(t_k)$ 的总离差平方和 $\sigma^2 = \sum\limits_{k=1}^{N}\sum\limits_{i=1}^{n}(y_i(t_k)-\bar{y})^2$ 来刻画,

$y_i(t_k) = \omega_1 x_{i1}(t_k) + \omega_2 x_{i2}(t_k) + \cdots + \omega_m x_{im}(t_k)$, $i = 1,2,\cdots,n$; $k = 1,2,$
$\cdots,N$ 表示第 i 个评价对象(系统)在时刻 t_k 的综合评价函数,该方法直接利用了"时序立体数据表"进行了动态评价。σ^2 越大,则 n 个评价对象(系统)之间的整体差异越大,当 σ^2 取值最大时得到的权数值便可以作为 n 个评价对象(系统)在该时间段 $t_1,t_2,\cdots,t_N$ 的权数,该权数确定方法被称为"纵横向"拉开档次法。

拉开档次法是针对静态综合评价问题提出的一种确定权数方法,"纵横向"拉开档次法是针对动态综合评价问题提出的一种确定权数方法。对于函数型数据综合评价问题,需要发展新的方法去确定权数,本书在"纵横向"拉开档次法的基础上提出新的确定权数方法——"全局"拉开档次法。具体方法介绍如下。

二、"全局"拉开档次法[①]

设有 n 个被评价对象(或系统)$s_1,s_2,\cdots,s_n$, m 个评价指标 $\widetilde{X}_1(t)$,$\widetilde{X}_2(t),\cdots,\widetilde{X}_m(t)$,且在时间区间 $T = [t_1,t_J]$ 获得函数型数据 $\widetilde{x}_{i1}(t)$,$\widetilde{x}_{i2}(t),\cdots,\widetilde{x}_{im}(t)$, $i = 1,2,\cdots,n$,它们均为时间 t 的函数。当我们对 n 个被评价对象(或系统)进行评价时,形成如表 2-1 所示的数据表。

由多指标函数型数据表支持的综合评价问题,称为函数型数据综合评价,一般表现形式为(2-9):

$$y_i(t) = F(\omega_1(t),\omega_2(t),\cdots,\omega_n(t);\widetilde{x}_{i1}(t),\widetilde{x}_{i2}(t),\cdots,\widetilde{x}_{in}(t)),t \in T$$

$$(2-9)$$

$y_i(t)$ 为 s_i 在时间区间 T 内的综合评价函数,当 T 为离散点的集合时,即为动态综合评价,当 T 退化为一点时,即为静态综合评价。

对于函数型数据 $\{\widetilde{x}_{ij}(t)\}$ ($i = 1,2,\cdots,n$; $j = 1,2,\cdots,m$; $t \in T = [t_1,t_J]$),由于实际中我们观察到的数据往往是离散的观测点,因此在进行函数型数据分析之前,需要对其进行预处理。首先要对观测数据进行平滑,将离散的观测数据转化为函数。通过基函数的形式来构建函数,设 $\widetilde{x}_{ij}(t) = c^{ij\,T}\o_j(t)$,这里 $c^{ij\,T} = (c_1^{ij},c_2^{ij},\cdots,c_{K_j}^{ij})$,$\o_j(t)$ 为 K_j 维基函数列向

---

① 见笔者的论文《一种基于函数型数据的综合评价方法研究》,《统计研究》2013 年第 2 期,具体实证分析参见该文。

量。假定离散的数据函数化之前,经过一致无量纲化处理,且评价指标的离散数据均是极大型指标。

此时"纵横向"拉开档次法不再适合函数型综合评价问题,需要发展新的方法去确定权数,本书提出新的确定权数方法——"全局"拉开档次法,具体原理如下:

确定 $W = (\omega_1, \omega_2, \cdots, \omega_m)^T$ 的原则是,基于函数型数据表尽可能大地体现评价对象(系统)之间的差异。该差异大小由 $s_1, s_2, \cdots, s_n$ 在函数型数据表 $\{\widetilde{x}_{ij}(t)\}$($i = 1, 2, \cdots, n$;$j = 1, 2, \cdots, m$;$t \in T = [t_1, t_J]$)上的整体差异决定,故用 $y_i(t)$ 的总离差平方和 $\sigma^2 = \int_T \{\sum_{i=1}^{n} (y_i(t) - \bar{y})^2\} \mathrm{d}t$ 来刻画。

由于原始数据经过无量纲化处理,则有

$$\sigma^2 = \int_T \{\sum_{i=1}^{n} (y_i(t))^2\} \mathrm{d}t = \int_T W^T H(t) W \, \mathrm{d}t \tag{2-10}$$

这里 $H(t) = X(t)^T X(t)$,矩阵函数 $X(t) = \{\widetilde{x}_{ij}(t)\}$ $i = 1, 2, \cdots, n$;$j = 1, 2, \cdots, m$。

由于所有指标的所有样本可以使用不相同的基函数和不相同的平滑参数 λ。不失一般性,本书采取所有指标的所有样本使用相同的基函数和不相同的平滑参数 λ 的原则,经由粗糙惩罚方式构建的多指标函数型数据表在基函数下的表示形式为:

$$
\begin{aligned}
X(t) &= C^T \Phi(t) \\
&= \begin{bmatrix} c^{11\,T} & c^{12\,T} & \cdots & c^{1m\,T} \\ c^{21\,T} & c^{22\,T} & \cdots & c^{2m\,T} \\ \vdots & \vdots & \ddots & \vdots \\ c^{n1\,T} & c^{n2\,T} & \cdots & c^{nm\,T} \end{bmatrix} \begin{bmatrix} \emptyset_1(t) & & & \\ & \emptyset_2(t) & & \\ & & \ddots & \\ & & & \emptyset_m(t) \end{bmatrix} \\
&= [\widetilde{X}_1(t), \widetilde{X}_2(t), \cdots, \widetilde{X}_m(t)]
\end{aligned} \tag{2-11}
$$

$\widetilde{X}_j(t) = [c^{1j\,T}\emptyset_j, c^{2j\,T}\emptyset_j, \cdots, c^{nj\,T}\emptyset_j]^T$ 表示第 j 个指标函数,$\emptyset_j(t)$ 为第 j 个指标函数所基于的 K_j 维基函数列向量,$j = 1, 2, \cdots, m$。C^T 为 $n \times \sum_{j=1}^{m} K_j$ 阶复合系数矩阵,K_j,$j = 1, 2, \cdots, m$ 为各指标函数的基函数 $\emptyset_j(t)$ 所包含的基函数个数,$\Phi(t)$ 为 $\sum_{j=1}^{m} K_j \times m$ 阶复合矩阵基函数。

从式(2-11)可得,当所有指标的所有样本使用相同的基函数时,$\emptyset_1(t) = \emptyset_2(t) = \cdots = \emptyset_m(t) = \emptyset(t)$。故基于函数型数据表,评价对象(系统)$y_i(t)$ 的总离差平方和为:

$$\sigma^2 = \int_T W^T H(t) W \, \mathrm{d}t$$

$$= W^T \left\{ \int_T \Phi(t)^T H_c \Phi(t) \mathrm{d}t \right\} W \tag{2-12}$$

$$= W^T \left\{ \int_T \Phi(t)^T CC^T \Phi(t) \mathrm{d}t \right\} W$$

$$= W^T H W$$

这里 $H_c = CC^T$ 为 $\sum\limits_{j=1}^{m} K_j \times \sum\limits_{j=1}^{m} K_j$ 阶对称阵，且 $H = \int_T \Phi(t)^T CC^T \Phi(t) \mathrm{d}t$ 为 m 维对称矩阵。

$$H = \int_T \Phi(t)^T H_c \Phi(t) \mathrm{d}t = \left[\int_T \varnothing_i^T c_i c_j^T \varnothing_j \mathrm{d}t \right]_{i,j=1,2,\cdots,m} \tag{2-13}$$

这里：$C = (c_1, c_2, \cdots, c_m)^T$，$C^T = (c_1^T, c_2^T, \cdots, c_m^T)$，$H_C = \begin{bmatrix} c_1 c_1^T & c_1 c_2^T & \cdots & c_1 c_m^T \\ c_2 c_1^T & c_2 c_2^T & \cdots & c_2 c_m^T \\ \vdots & \vdots & \ddots & \vdots \\ c_m c_1^T & c_m c_2^T & \cdots & c_m c_m^T \end{bmatrix}$，

$c^{ij\,T}$ 为函数 $\widetilde{x}_{ij}(t)$ 关于基向量 $\varnothing_j(t)$ 的系数向量，$j = 1, 2, \cdots, m$。

定理 2-1：取 W 为矩阵 H 的最大特征值所对应的特征向量时，σ^2 取最大值。

注：如果所求的 W 中的某个分量是负的（习惯上希望权数为正值），那么只能以降低评价系统之间的整体差异为代价，将 W 由下面的线性规划问题解出，具体形式如下：

$$\begin{cases} \max & W^T H W \\ s.t. & \| W \| = 1 \\ & \| W \| > 0 \end{cases} \tag{2-14}$$

证明：将式(2-14)写成瑞利(Rayleigh)商：

$$s(\omega) = \frac{\omega^T H \omega}{\omega^T \omega}, \omega^T \omega = 1 \tag{2-15}$$

又 H 为实对称阵，存在正交矩阵 Q，有 $Q^T H Q = \Lambda$，Λ 是以 H 的特征值为对角元素的对角阵，即

$$\Lambda = \begin{bmatrix} \lambda_1 & & \\ & \ddots & \\ & & \lambda_m \end{bmatrix} \tag{2-16}$$

$Q^T = Q$，令 $\omega = Qy$，则(2-15)变为

$$s(\omega) = \frac{(Qy)^T H (Qy)}{(Qy)^T (Qy)} = \frac{y^T \Lambda y}{\sum\limits_{i=1}^{m} y_i^2} \tag{2-17}$$

即有

$$\max\{s(\omega)\} = \max\{\omega^T H \omega\} = \lambda_{\max} \tag{2-18}$$

故定理得证。

本书针对函数型数据综合评价问题,提出了一种基于指标为函数型数据的,新的确定指标权数方法——"全局"拉开档次法,具体步骤为:

(1)将评价指标数据进行一致无量纲化处理,即先化为极大型评价指标然后对其进行无量纲化处理;

(2)将一致无量纲化后的指标数据进行函数拟合,并利用留一广义交叉验证(LOO-GCV)方法将评价对象的几个指标函数分别利用 B 样条基函数表示;

(3)利用 Matlab 编程,求出矩阵 $H = \int_T \Phi(t)^T CC^T \Phi(t) \mathrm{d}t$;

(4)求出矩阵 H 的最大特征值对应的特征向量,即为权数 W ,若此时 W 有分量为负值,则转为(5);

(5)编程求出优化问题:$\begin{cases} \max & W^T H W \\ s.t. & \|W\| = 1 \end{cases}$ 下的 W ,将其归一化后即 $|W| > 0$ 是权数 W ,此时范数 $\|\cdot\|$ 一般取 p 阶($p \geqslant 2$)的范数。

第三节 函数型数据综合评价方法介绍(2)
——多指标函数型主成分分析的综合评价方法

对于多指标面板数据,主要区分以下三个问题[①](王桂明,2011):

(1)对三个数据维(指标维、样本维、时间维)分别单独施行 PCA(主成分分析);

————————

① 王桂明:《函数数据的多元统计分析及其在证券投资分析中的应用》,厦门大学博士论文,2011。该论文对函数型主成分分析进行了详细的研究,本课题针对综合评价的特点,将其中的组合变量的多元函数型主成分分析引入综合评价中,并提出了评价方法。进一步提出了基于重要性加权的组合变量的多元函数型主成分分析方法用于综合评价中。

（2）对三个数据维中的任意两个数据维合并的组合变量施行 PCA；

（3）对三个数据维同时施行 PCA。

当时间维较高或趋于无穷时，离散的主成分分析方法就不再适用了，此时需要基于函数视角，进而需要研究多指标函数型主成分分析（FPCA），以解决函数型数据下的综合评价问题。由于这里的函数型主成分分析（FPCA）主要研究综合评价实际中的应用，故而不涉及基于样本维的主成分分析，因此我们主要研究基于时间维和基于指标维及其合并而成的组合变量施行函数型主成分分析（FPCA）的问题。

一、基于组合变量的多指标函数型主成分分析

（一）离散的组合变量多元 PCA

多指标面板数据不仅存在着指标之间的相关关系，而且每个指标下的观测值也存在着时间上的相关关系。

$$V = \begin{bmatrix} V_{X_1 X_1} & V_{X_1 X_2} & \cdots & V_{X_1 X_m} \\ V_{X_2 X_1} & V_{X_2 X_2} & \cdots & V_{X_2 X_m} \\ \vdots & \vdots & \ddots & \vdots \\ V_{X_m X_1} & V_{X_m X_2} & \cdots & V_{X_m X_m} \end{bmatrix}_{mT \times mT} \tag{2-19}$$

$$V_{X_i X_j} = \begin{pmatrix} \mathrm{Cov}(X_i(t_1), X_j(t_1)) & \cdots & \mathrm{Cov}(X_i(t_1), X_j(t_T)) \\ \vdots & \ddots & \vdots \\ \mathrm{Cov}(X_i(t_T), X_j(t_1)) & \cdots & \mathrm{Cov}(X_i(t_T), X_j(t_T)) \end{pmatrix}_{T \times T} \tag{2-20}$$

$$i, j = 1, 2, \cdots, m$$

这里假定 T 个观测点，m 个指标。样本协方差矩阵 V 包含了指标内部以及指标之间的全部变异信息。设 m_T 维特征向量 $\xi_k = (\xi_{k1}^T, \xi_{k2}^T, \cdots, \xi_{km}^T)^T$，其中 $\xi_{kj}(j = 1, 2, \cdots, m)$ 为对应于第 j 个指标的 T 维子特征向量。

（二）组合变量的多元 FPCA

设多指标函数型数据已经经过标准化处理，则类似于离散多指标面板数据的情形，对于多指标函数型数据，假设特征函数为 m 维函数 $\xi_i(t) = (\xi_{i1}(t), \cdots, \xi_{im}(t))^T$，此时 $m \times m$ 阶指标的样本自协方差——交叉方差矩阵函数为：

$$V(s,t) = \begin{bmatrix} V_{X_1 X_1}(s,t) & \cdots & V_{X_1 X_m}(s,t) \\ \vdots & \ddots & \vdots \\ V_{X_m X_1}(s,t) & \cdots & V_{X_m X_m}(s,t) \end{bmatrix}_{m \times m} \tag{2-21}$$

其中
$$V_{X_r X_l}(s,t) = \frac{1}{n-1} \sum_{j=1}^{n} x_{jr}(s) x_{jl}(t) , \tag{2-22}$$

当 $r = l$ 时,式(2-21)为(2-22)中对角线上指标自身的样本自协方差函数,当 $r \neq l$ 时,表示不同指标之间的样本交叉协方差函数,反映了不同指标之间的交互作用信息,所以(2-21)包含了指标内部及指标之间的全部变异信息。

则函数型特征方程 $\int V(s,t)\xi_i(t)\mathrm{d}t = \lambda_i \xi_i(s)$ 变为如下形式:

$$\begin{cases} \int V_{X_1 X_1}(s,t)\xi_{i1}(t)\mathrm{d}t + \cdots + \int V_{X_1 X_m}(s,t)\xi_{im}(t)\mathrm{d}t = \lambda_i \xi_{i1}(s) \\ \qquad\qquad\qquad\qquad \vdots \\ \int V_{X_m X_1}(s,t)\xi_{i1}(t)\mathrm{d}t + \cdots + \int V_{X_m X_m}(s,t)\xi_{im}(t)\mathrm{d}t = \lambda_i \xi_{im}(s) \end{cases} \tag{2-23}$$

且

$$\mathrm{Var}(F_i) = \iint_{s,t \in T} \xi_i(s) V(s,t) \xi_i(t) \mathrm{d}s\mathrm{d}t = \lambda_i$$

(三)基函数下组合变量的多元 FPCA

$$\widetilde{X}(t) = C^T \Phi(t) = \begin{bmatrix} c^{11\,T} & c^{12\,T} & \cdots & c^{1m\,T} \\ c^{21\,T} & c^{22\,T} & \cdots & c^{2m\,T} \\ \vdots & \vdots & \ddots & \vdots \\ c^{n1\,T} & c^{n2\,T} & \cdots & c^{nm\,T} \end{bmatrix} \begin{bmatrix} \varnothing_1(t) & & & \\ & \varnothing_2(t) & & \\ & & \ddots & \\ & & & \varnothing_m(t) \end{bmatrix}$$

这里 C^T 为 $n \times \sum_{j=1}^{m} K_j$ 阶复合系数矩阵,K_j ,$j = 1,2,\cdots,m$ 为各指标函数下基函数 $\varnothing_j(t)$ 包含的基函数个数,$\Phi(t)$ 为 $\sum_{j=1}^{m} K_j \times m$ 阶复合矩阵基函数。此时

$$V(s,t) = \frac{1}{N-1} \Phi(s)^T CC^T \Phi(t) = \Phi(s)^T \mathrm{Cov}(C) \Phi(t) \tag{2-24}$$

这里 $\mathrm{Cov}(C) = \frac{1}{N-1} \sum_{i=1}^{n} (c_i - \bar{c})(c_i - \bar{c})^T$,假定特征函数 $\xi_i(t) = (\xi_{i1}(t),\cdots,\xi_{im}(t))^T$ 的每个子特征函数 $\xi_{il}(t)$,$l = 1,2,\cdots,m$ 的基函数展开

形式为：$\xi_{il}(t) = \varnothing_l(t)^T b_{il}$，这里 b_{il} 为 $\xi_{il}(t)$ 关于基 $\varnothing_l(t)$ 的系数列向量，从而

$$\xi_i(t) = \Phi(t)^T B_i \tag{2-25}$$

其中 $B_i = (b_{i1}^T, b_{i1}^T, \cdots, b_{im}^T)^T$ 为 $\xi_i(t)$ 的 $\sum_{j=1}^{m} K_j$ 维基函数系数向量，而 $K_j, j = 1, 2, \cdots, m$ 为各子特征函数下基函数 $\varnothing_j(t)$ 包含的基函数个数。

则函数型特征方程 $\int V(s,t)\xi_i(t)\mathrm{d}t = \lambda_i\xi_i(s)$ 变为如下形式：

$$\int \Phi(s)^T \mathrm{Cov}(C) \Phi(t) \Phi(t)^T B_i \mathrm{d}t = \lambda_i B_i \Phi(s) \tag{2-26}$$

即

$$\Phi(s)^T V_c W_\Phi B_i = \lambda_i \Phi(s)^T B_i \tag{2-27}$$

其中：

$$W_\Phi = \begin{bmatrix} W_{1\Phi} & & & \\ & W_{2\Phi} & & \\ & & \ddots & \\ & & & W_{m\Phi} \end{bmatrix} \tag{2-28}$$

为 $\sum_{j=1}^{m} K_j \times \sum_{j=1}^{m} K_j$ 阶复合分块对角矩阵。$W_{i\Phi} = \left(\int \varnothing_{ip}(s)\varnothing_{iq}(s)\mathrm{d}s \right)_{p,q=1,2,\cdots,K_i}$ 为 $K_1 \times K_1$ 阶实对称矩阵，$V_c = \mathrm{Cov}(C)$。

由于 $\forall s \in T$，上式均成立，所以可得：

$$V_c W_\Phi B_i = \lambda_i B_i \tag{2-29}$$

取 $\widetilde{B}_i = W_\Phi^{\frac{1}{2}} B_i$，上式变为：

$$W_\Phi^{\frac{1}{2}} V_c W_\Phi^{\frac{1}{2}} \widetilde{B}_i = \lambda_i \widetilde{B}_i \tag{2-30}$$

综上所得，基函数下的组合变量 FPCA 的具体算法为：

(1)计算基函数系数矩阵 C, V_c 以及 W_Φ；

注：若使用标准正交基函数（如傅立叶基函数），$W_\Phi = I$，上式变为 $V_c B = \lambda B$，问题转化为对系数矩阵 V_c 的离散 PCA 问题，问题大大简化。

(2)利用 Cholesky 分解计算 W_Φ；

(3)计算实对称矩阵 $W_\Phi^{\frac{1}{2}} V_c W_\Phi^{\frac{1}{2}}$ 的特征值 λ_i 和对应的特征向量 $\widetilde{B}_i$；

(4)计算 B_i，进而求出 $\xi_i(t)$（$\xi_i(t) = \Phi(t)^T B_i$）。

二、组合变量的多元 FPCA 综合评价方法

常用的思路类似于离散的主成分评价函数的情形，取第一主成分函数

作为评价函数,即

$$
f = F_1 = \langle X, \xi_1 \rangle = \int X(t)\xi_1(t)\mathrm{d}t = \begin{bmatrix} \langle x_1, \xi_1 \rangle \\ \langle x_2, \xi_1 \rangle \\ \vdots \\ \langle x_n, \xi_1 \rangle \end{bmatrix} = \begin{bmatrix} \int x_1(t)\xi_1(t)\mathrm{d}t \\ \int x_2(t)\xi_1(t)\mathrm{d}t \\ \vdots \\ \int x_n(t)\xi_1(t)\mathrm{d}t \end{bmatrix}
$$

(2-31)

这里 $X = (x_1, x_2, \cdots, x_n)$ 表示 n 个被评价对象,$x_i(t) = (x_{i1}(t), x_{i2}(t), \cdots, x_{im}(t))$,$i = 1, 2, \cdots, n$ 表示每个被评价对象为 m 维函数型数据,m 为指标个数。$\xi_1(t) = (\xi_{11}(t), \cdots, \xi_{1m}(t))^T$ 为第一主成分 F_1 对应的特征函数。且 $\int x_i(t)\xi_1(t)\mathrm{d}t = \sum_{j=1}^{m} \int x_{ij}(t)\xi_{1j}(t)\mathrm{d}t$,$i = 1, 2, \cdots, n$。

三、基于重要性加权的组合变量的 FPCA 综合评价方法

离散变量的主成分分析中使用的指标协方差矩阵实际上是一种 S 型 PC 综合评价方法($S = DRD$)。苏为华(2005)提出了一种更加宽泛的 PC 综合评价方法,即定义一个反映相关与变异信息的矩阵 B,称为 B 型 PC 综合评价方法。$B = VRV$,$V = diag(v_1, v_2, \cdots, v_m)$,$v_i$ 是反映原始数据变异程度的某一种相对测度(并不限于标准差系数,可以是平均差系数等)。

在传统的 PC 综合评价中,对于评价目标最重要的指标未必获得最大的权数。因此人们提出了在 PC 综合评价中体现加权的思想,即所谓加权主成分(周忠明、王惠文,2008)。例如:第一主成分只在几何位置分布上,是使数据离差最大的方向,但从评价本身的意义来看,并不一定是系统最重要的特征方向,所以可以考虑基于重要性加权的多元函数型主成分分析用于综合评价中。苏为华(2001)将加权 PC 综合评价方法分为两类:一类是从原始数据开始重要性加权,另一类是在最终的主成分中直接加权。即 B 型加权主成分和 F 型加权主成分。本书尝试将第一种思想在组合变量的 FPCA 综合评价中进行扩展研究。

B 型加权组合变量的 FPCA 综合评价的具体步骤为:

(1)确定指标函数的重要性权数 ω_i,$i = 1, 2, \cdots, m$,假定此时的权数在一段时间内保持不变。

(2)确定加权后的 PC 分析矩阵 $B_{ugt} = \hat{\omega}_{ch} B \hat{\omega}_{ch}$,FPCA 中一般采用协

方差矩阵 V ,于是就有：

$B_{wgt} = \hat{\omega}_{ch} V(s,t) \hat{\omega}_{ch}$, $\hat{\omega}_{ch} = diag[f(\omega_1), f(\omega_2), \cdots, f(\omega_m)]$,

这里 ω_i 为第 i 个指标的重要性权数，f 是对权数的一种函数变换，为了将问题变得简单，这里不做变换，即

$$B_{wgt} = \hat{\omega}_{ch} V(s,t) \hat{\omega}_{ch} = \begin{bmatrix} \omega_1^2 V_{X_1 X_1}(s,t) & \cdots & \omega_1 \omega_m V_{X_1 X_m}(s,t) \\ \vdots & \ddots & \vdots \\ \omega_m \omega_1 V_{X_m X_1}(s,t) & \cdots & \omega_m^2 V_{X_m X_m}(s,t) \end{bmatrix}_{m \times m}$$

(2-32)

其中 $V_{X_r X_l}(s,t) = \dfrac{1}{n-1} \sum\limits_{j=1}^{n} x_{jr}(s) x_{jl}(t)$

（3）代入函数型特征方程 $\int B_{wgt} \xi_i(t) dt = \lambda_i \xi_i(s)$,得到：

$$\begin{cases} \int \omega_1^2 V_{X_1 X_1}(s,t) \xi_{i1}(t) dt + \cdots + \int \omega_1 \omega_m V_{X_1 X_m}(s,t) \xi_{im}(t) dt = \lambda_i \xi_{i1}(s) \\ \qquad\qquad\qquad\qquad \vdots \\ \int \omega_m \omega_1 V_{X_m X_1}(s,t) \xi_{i1}(t) dt + \cdots + \int \omega_m^2 V_{X_m X_m}(s,t) \xi_{im}(t) dt = \lambda_i \xi_{im}(s) \end{cases}$$

(2-33)

（4）将上述特征方程基于基函数进行展开：

假设 $\widetilde{X}(t) = C^T \Phi(t)$,其中 C^T 为 $n \times \sum\limits_{j=1}^{m} K_j$ 阶复合系数矩阵，K_j , $j = 1, 2, \cdots, m$ 为各指标函数下基函数 $\phi_j(t)$ 所包含的基函数个数，$\Phi(t)$ 为 $\sum\limits_{j=1}^{m} K_j \times m$ 阶复合矩阵基函数。此时

$$V(s,t) = \dfrac{1}{n-1} \Phi(s)^T C C^T \Phi(t) = \Phi(s)^T \text{Cov}(C) \Phi(t) ,\qquad (2-34)$$

这里 $\text{Cov}(C) = \dfrac{1}{n-1} \sum\limits_{i=1}^{n} (c_i - \bar{c})(c_i - \bar{c})^T$,则

$$B_{wgt} = \hat{\omega}_{ch} V(s,t) \hat{\omega}_{ch} = \Phi(s)^T \hat{\omega}_{ch} \text{Cov}(C) \hat{\omega}_{ch} \Phi(t) ,\qquad (2-35)$$

假定特征函数 $\xi_i(t) = (\xi_{i1}(t), \cdots, \xi_{im}(t))^T$ 的每个子特征函数 $\xi_{il}(t)$, $l = 1, 2, \cdots, m$ 的基函数展开形式为 $\xi_{il}(t) = \phi_l(t)^T b_{il}$, $l = 1, 2, \cdots, m$,这里 b_{il} 为 $\xi_{il}(t)$, $l = 1, 2, \cdots, m$ 关于基 $\phi_l(t)$ 的系数列向量，从而 $\xi_i(t) = \Phi(t)^T B_i$,其中 $B_i = (b_{i1}^T, b_{i1}^T, \cdots, b_{im}^T)^T$ 为 $\xi_i(t)$ 的 $\sum\limits_{j=1}^{m} K_j$ 维基函数系数向量，而 K_j , $j = 1, 2, \cdots, m$ 为各子特征函数下的基函数 $\phi_j(t)$ 包含的基函数个数。

则函数型特征方程 $\int B_{ugt}\xi_i(t)\mathrm{d}t = \lambda_i\xi_i(s)$ 变为如下形式：

$$\int \Phi(s)^T \{\hat{\omega}_{ch}\mathrm{Cov}(C)\,\hat{\omega}_{ch}\}\Phi(t)\Phi(t)^T B_i \mathrm{d}t = \lambda_i B_i \Phi(s) \tag{2-36}$$

$$\Phi(s)^T \hat{V}_c W_\Phi B_i = \lambda_i \Phi(s)^T B_i , \tag{2-37}$$

其中：

$$W_\Phi = \begin{bmatrix} W_{1\Phi} & & & \\ & W_{2\Phi} & & \\ & & \ddots & \\ & & & W_{m\Phi} \end{bmatrix}$$

为 $\sum\limits_{j=1}^{m} K_j \times \sum\limits_{j=1}^{m} K_j$ 阶复合分块对角矩阵。$W_{i\Phi} = \left(\int \phi_{ip}(s)\phi_{iq}(s)\mathrm{d}s\right)_{p,q=1,2,\cdots,K_i}$
为 $K_1 \times K_1$ 阶实对称矩阵，$\hat{V}_c = \hat{\omega}_{ch}\mathrm{Cov}(C)\,\hat{\omega}_{ch}$ 。

由于 $\forall s \in T$，上式均成立，故有：

$$\hat{V}_c W_\Phi B_i = \lambda_i B_i \tag{2-38}$$

取 $\widetilde{B}_i = W_\Phi^{\frac{1}{2}} B_i$，上式变为：

$$W_\Phi^{\frac{1}{2}} \hat{V}_c W_\Phi^{\frac{1}{2}} \widetilde{B}_i = \lambda_i \widetilde{B}_i \tag{2-39}$$

(5)计算主成分函数 $\xi_i(t)$，具体算法如下[①]：

①计算基函数系数矩阵 C，$\hat{V}_c$ 以及 W_Φ；

若使用标准正交基函数（如傅立叶基函数），则 $W_\Phi = I$，上式变为
$V_c B = \lambda_i B$，问题转化为对系数矩阵 $\hat{V}_c$ 的离散 PCA 问题，问题大大简化；

②利用 Cholesky 分解计算 W_Φ；

③计算实对称矩阵 $W_\Phi^{\frac{1}{2}} \hat{V}_c W_\Phi^{\frac{1}{2}}$ 的特征值 λ_i 和对应的特征向量 $\widetilde{B}_i$；

④计算 B_i，进而求出 $\xi_i(t)$（$\xi_i(t) = \Phi(t)^T B_i$）。

(6)构造评价函数（同上）。

---

① 该算法与前面的组合变量多元 FPCA 的算法，主要差别在于 V_c 与 $\hat{V}_c$ 是不同的矩阵。

第三章　函数型综合评价方法——基于扩展的函数型聚类分析方法研究

第一节　引　言

一、研究意义

(一)研究的理论意义

在对高频采集的具有某种函数(曲线)形态的数据进行聚类时,函数型聚类方法比传统聚类方法更有优势。传统聚类中处理分析的对象往往都是静态节点数据,分析时采用的是点向量形式;函数型聚类分析处理的对象是曲线本身,能够挖掘曲线内部隐含的许多动态变化特征,将这些变化信息考虑到聚类的相似性之中。在现有的函数型数据分析方法中,基于数值距离的相似性度量仅仅能够体现曲线在绝对水平上的差异,无法体现出曲线动态变化的特征;基于曲线形态的相似性度量虽然能够一定程度上反映出曲线的变化特点,但是主要是抓取了曲线变化局部的特征,缺少对曲线之间的整体差异的衡量。因此,函数型数据聚类分析方法中需要一种兼顾数值距离和曲线形态的相似性度量,既能从整体上衡量绝对水平的差异,又能从局部上比较曲线的动态变化特征。课题组对函数型数据相似性度量的研究完善了函数型聚类分析方法,具有一定的理论意义。

相比单一指标,多指标变量能够包含更多的信息,能够更加充分地反映数据特征。使用单个指标进行分析相对简单,而多指标分析则需要考虑指标间的相互关系等一系列问题。现有的函数型聚类分析方法主要都是基于单指标的,因此多指标函数型聚类分析方法的拓展能够丰富函数型聚类分析模型的多样性,具有一定的理论意义。

（二）研究的实际意义

函数型聚类分析方法在诸多领域有着很大的使用价值。但凡数据采集频率比较快的领域，函数型聚类分析方法都能体现出它的实际价值。

1. 在一定程度上拓展了函数型聚类分析在金融领域的应用

在金融领域中，许多技术分析的投资者十分重视价格曲线的形态，特别是一些从事金融套利（吴振翔，陈敏，2007）的投资者，需要找到两只价格曲线关联度较高的标的进行套利。那么事先对投资标的价格曲线或者波动率曲线进行聚类，将相同走势的标的进行归类，然后从各个类别中进一步筛选标的可以很大程度地提高套利模型的准确率以及稳定性。

2. 函数型聚类模型的使用有利于金融市场数据的可视化展现

课题组提出的函数型聚类分析方法，能够将冗杂的金融市场数据按照一定的相似性进行归类，通过可视化展现，投资者能够很清晰地从聚类结果中分辨每个类别中曲线的整体和局部特征。

3. 多指标函数型聚类模型的使用有利于多维度金融数据的分析

在实际应用中，投资者在进行决策时会从多方面进行分析，例如选择股票会考虑价格、成交量、公司业绩等一系列因素。课题组提出的多指标函数型聚类模型提供了一种多维分析金融数据的方法。

二、函数型聚类分析方法研究现状

（一）函数型多元统计分析方法研究现状

函数型多元统计分析是从传统的多元统计分析拓展而来的，目的是解决函数型数据的多元统计分析问题。目前函数型多元统计分析主要有三个大的研究方向：函数型主成分分析（FPCA）、函数型回归分析（FLRA）以及函数型聚类分析（FCA）。笔者从实际应用的角度归纳如下：

（1）在函数型主成分分析领域，Gokulakrishnan 等（2006）将 FPCA 应用到工业化学反应流程中的温度等枊关指标的时间演进过程，并建立了一个简单的动力模型来描述化学反应过程；Michal Benko 等（2009）将函数型共同主成分分析应用于金融市场隐含波动率的研究；黄恒君（2013）把函数型主成分分析运用于收入分布变迁的研究。

（2）在函数型回归分析领域，WANG 等（2008）提出了基于 FLRA 的一种动态预测模型，用来预测拍卖价格；王国华（2017）应用函数型线性回归模型寻找沪深 300 股指的波动率与成交量之间的线性关系;张庆等(2017)构建了空气污染因素与气象因素的函数型回归模型。

(3)在函数型聚类分析领域,王劼等(2009)应用函数型聚类分析方法,根据人体血管的狭窄程度对多普勒血流信号曲线进行聚类,有助于临床医学对该类疾病进行客观的判断;郦少将(2018)从空间和时间的角度出发,利用函数型聚类方法分析了浙江省的空气质量指数。

(二)函数型聚类分析方法研究现状

对函数型数据聚类的研究是近年来函数型数据分析(Functional Data Analysis,FDA)领域的一大重要方向,既是对函数型多元统计研究领域的拓展,又是对传统聚类分析的一个拓展研究。目前国内外对于函数型聚类分析的研究角度,主要在于如何突显函数型数据的特点,即从相似性度量的角度出发,寻找更加适合于判定函数型数据分布密集程度的方法。基于国内外现有的研究,根据聚类模型的相似性度量方法的不同,可以将函数型聚类方法分为基于数值距离的聚类方法和基于曲线形态模式的聚类方法。具体如下:

1.基于数值距离的函数型聚类分析方法

基于数值距离的聚类分析方法的基本原理延续了传统聚类分析中相似性度量的思想,衡量的实际上仍然是数据在绝对水平上的相似性,只是由于衡量的数据本身具备函数特征,所以和传统的聚类分析有所区别。目前研究中的函数型数据的距离测度主要有两个方向:基于基函数的距离度量以及基于基函数展开系数的距离度量。

基于基函数的距离度量是直接度量函数之间的距离,函数距离的计算是通过传统距离计算方式拓展而来,王桂明(2010)定义了单指标和多指标模式下的闵科夫斯基距离、马氏距离以及相似系数,并给出了基函数框架下各种距离的计算方法,利用相同的基函数可以降低聚类分析的算法复杂度。

王德青等(2018)指出基于基函数展开系数的距离度量实则是通过确定数据的基函数展开方式,使用基函数展开系数向量代替传统的离散点向量,根据向量之间的相似性刻画函数的距离。根据基函数展开系数估计的过程中系数是否可变,可以分为两步法串联聚类以及自适应模型聚类。

(1)两步法串联聚类是假定基函数展开系数固定不变,此后用到的距离计算方法以及聚类方法和传统聚类分析并无本质区别。主要的研究方向在于基函数展开系数提取过程中如何提取基函数以及如何与传统聚类算法的有效结合。Abraham 等(2003)将 B 样条基和 K-means 聚类算法相结合;Serban 等(2005)提出了基于傅立叶基函数拓展的函数型 K-means 聚类算法;Peng 等(2008)将函数主成分基于 K-means 算法结合;王劼等(2009)利用傅立叶基函数平滑数据,对系数向量进行传统的 PCA 处理后进行 K-means 聚类。

(2)自适应模型聚类中基函数的展开系数则是服从特定分布的随机变量。James 等(2003)提出了基于样条基函数展开系数的混合高斯模型聚类,在模型中假设基函数系数是混合高斯分布的随机变量;Heard 等(2006)提出了基于基函数展开系数的贝叶斯模型聚类;王德青等(2015)提出了函数型数据的自适应赋权主成分聚类分析,能够显著提升普通主成分聚类分析的分类正确率和稳健性。

2. 基于曲线形态模式的函数型聚类分析方法

基于曲线形态模式的聚类方法是通过函数曲线的形状以及动态特征构造相似性度量进行聚类的一种非参数聚类方法。这种方式主要是通过函数波动的波峰与波谷的波动位置以及波动程度来衡量曲线的动态特征,往往要抓取函数曲线的加速度以及导函数的加速度等,对曲线的可导性要求较高。Heckman 等(2000)证明了 Lp 数值距离不能精确刻画函数之间的疏密关系,提出了一种基于函数型秩相关的形状聚类分析;Ingrass 等(2003)提出了两条曲线之间邻近极值点的概念,并提出了一种基于曲线极值点符号变化的相似性度量和一种基于邻近极值点之间的时间跨度的相似性度量;靳刘蕊(2008)使用临近极值点之间的欧式距离来代替临近极值点之间的时间跨度作为相似性度量;Leva 等(2013)研究了函数视角下的基于原函数、一阶导函数和二阶导函数结合的 K-means 聚类;黄恒君(2013)给出了 B 样条基函数的一阶导数和二阶导数的具体展开形式,以城乡收入函数聚类实例进行了验证,结果表明引入导数距离作为曲线变化信息,能够得到更好的聚类结果;孟银凤(2017)在多维数据的 L^2 范数诱导的距离的基础上引入了函数样例的导数信息,给出了一种新的距离度量。

3. 多指标函数型数据聚类分析方法

目前国内外在函数型聚类领域的研究主要是针对单一指标的函数型数据对象,而对于多指标的函数型数据聚类分析的研究在国内外都较少。王桂明(2010)定义了适用于多指标函数型数据的闵科夫斯基距离、相似系数和马氏距离;Jacques 等(2014)提出了变量间相互独立情形下的基于模型的多元函数型数据的聚类方法,王德青等(2018)指出这种变量间相互独立的条件在实际中很难实现;苏为华、孙利荣等(2012)从多指标综合评价的角度出发将传统的拉开档次法拓展至函数领域,给出了一种函数型数据的多指标综合方法,也能够对多指标函数聚类起到一定程度上的指导。

三、研究现状的述评

结合以上所述的国内外相关文献研究,可以看出,虽然函数型数据分析各方面的研究颇多,但是尚未形成成熟的体系。目前函数型数据分析中函数型聚类分析还属于薄弱环节,存在着不少问题。

首先,在函数型聚类的研究中,大多是先对数据进行处理,然后使用某种相似性指标进行聚类,往往只考虑了数值距离和曲线形态中的一个方面,缺乏能够同时测度数据距离和曲线形态的函数聚类分析方法。函数型聚类分析的优点就在于能够通过对函数曲线特征的提取而达到离散聚类达不到的效果,而数值距离与曲线形态其实都是函数曲线非常重要的特征,缺少任何一个都会一定程度上影响函数型聚类的效果。笔者将从这个角度出发,尝试提出能够同时测度数值距离和曲线形态的相似性度量方法。

其次,目前大多数函数型聚类方法主要是针对单一指标的,对于多指标的函数型聚类的研究文献非常少。国内外有不少学者研究多指标面板数据的聚类,无论是使用概率链接函数,还是使用主成分等其他加权的方法,主要都是通过多指标的综合将多指标聚类问题转化成单指标聚类问题。笔者也将从这个角度出发,尝试将一些方法拓展至多指标函数型聚类分析方法。

第二节　常见的函数型聚类分析方法

函数型数据聚类分析方法的基本思想与传统聚类分析方法一样,分析的关键在于对样本对象亲疏程度的测度方法。传统聚类分析中数据是离散点,主要利用点间的性质来衡量亲疏程度,而在函数型数据分析中,对象是连续的函数,因此需要转换角度,从函数的角度来测度相似性。本章将从函数型数据的相似性度量的角度出发,研究函数型聚类分析。

根据曲线的相似性测度不同,函数型聚类分析方法主要可以分为基于数值距离的函数型聚类分析方法和基于曲线形态模式的函数型聚类分析方法。

一、基于数值距离的函数型聚类分析方法

在传统的聚类分析中,距离度量是最常用的相似性度量方式,常用的距离度量方式有闵科夫斯基距离(绝对距离、欧氏距离)、余弦距离、马氏距离等。而函数型聚类分析中距离的计算方式主要有两种方式:一是直接将传统距离计算方式衍生至函数型数据,直接作为相似性度量;另一种方式是使用基函数展开系数代替函数型数据进行距离度量。

(一)基于基函数距离的函数型聚类分析方法

基于基函数的距离度量,出于计算的方便,在实际中最常使用的是函数型曼哈顿距离、函数型欧氏距离以及函数型余弦距离。记

$$x_i(t) = \sum_{k=0}^{K} c_{ik} \phi_k(t) = c'_i \phi(t) , u = \int \phi(t) \mathrm{d}t , W = \int \phi(t) \phi'(t) \mathrm{d}t \quad (3\text{-}1)$$

1. 函数型曼哈顿距离

$$D_{ij} = \int |x_i(t) - x_j(t)| \mathrm{d}t = \int |c'_i \phi(t) - c'_j \phi(t)| \mathrm{d}t = \int |(c_i - c_j)' \phi(t)| \mathrm{d}t \quad (3\text{-}2)$$

曼哈顿距离又称绝对距离,在传统离散的面板数据分析中代表多维空间中点间的折线距离,而在函数型数据下代表的是曲线之间构成的面积,比较具有现实意义。

2. 函数型欧氏距离

$$\begin{aligned}
D_{ij} &= \left[\int (x_i(t) - x_j(t))^2 \mathrm{d}t \right]^{1/2} = \left[\int (c'_i \phi(t) - c'_j \phi(t))^2 \mathrm{d}t \right]^{1/2} \\
&= \left\{ \int [(c_i - c_j)' \phi(t)]^2 \mathrm{d}t \right\}^{1/2} = \left[\int (c_i - c_j)' \phi(t) \phi(t)' (c_i - c_j) \mathrm{d}t \right]^{1/2} \\
&= \left[(c_i - c_j)' \left(\int \phi(t) \phi(t)' \mathrm{d}t \right) (c_i - c_j) \right]^{1/2} = \left[(c_i - c_j)' W (c_i - c_j) \right]^{1/2}
\end{aligned}$$

$$\quad (3\text{-}3)$$

欧式距离在传统离散的面板数据分析中代表多维空间中点间的几何距离,而在函数型数据下欧氏距离的平方值代表的是曲线偏移量曲线 $x_i(t) - x_j(t)$ 围绕时间轴(t 轴)旋转的图形的体积的 $1/\pi$,即

$$D_{ij}^2 = \int [x_i(t) - x_j(t)]^2 \mathrm{d}t = \frac{1}{\pi} \int \pi [(x_i(t) - x_j(t))^2 - (0)^2] \mathrm{d}t = \frac{1}{\pi} V_{(x_i(t) - x_j(t))}$$

$$\quad (3\text{-}4)$$

3. 函数型余弦距离

$$D_{ij} = \frac{\int x_i(t) x_j(t) \mathrm{d}t}{\left(\int x_i(t)^2 \mathrm{d}t \int x_j(t)^2 \mathrm{d}t\right)^{1/2}} = \frac{\int (c'_i \emptyset(t))(c'_j \emptyset(t)) \mathrm{d}t}{\left[\int (c'_i \emptyset(t))^2 \mathrm{d}t \int (c'_j \emptyset(t))^2 \mathrm{d}t\right]^{1/2}}$$

$$= \frac{c'_i \left[\int \emptyset(t) \emptyset'(t) \mathrm{d}t\right] c_j}{\left[c'_i \left(\int \emptyset(t) \emptyset'(t) \mathrm{d}t\right) c_i c'_j \left(\int \emptyset(t) \emptyset'(t) \mathrm{d}t\right) c_j\right]^{1/2}} = \frac{c'_i W c_j}{(c'_i W c_i c'_j W c_j)^{1/2}}$$

$$(3-5)$$

（二）基于基函数展开系数距离的函数型聚类分析方法

基于基函数展开系数的距离度量的核心思想是在确定基函数之后，原函数将与基函数展开系数一一对应，因此能够利用基函数展开系数之间的相似性来表示原函数之间的相似性。利用基函数的特性从而将连续的函数聚类转化为简单的离散向量聚类，这样聚类的计算过程将会大幅度的简化。根据基函数展开系数估计的过程中系数是否可变可以分为两步法串联聚类以及自适应模型聚类（王德青，2018）。

第一步：根据数据的分布特征选取相对较为合适的基函数进行拟合，从而得到原函数的基函数展开系数。假设函数的基函数展开形式为 $x_i(t) = \sum_{k=0}^{K} c_{ik} \emptyset_k(t) = c'_i \emptyset(t)$，其中 c'_i 是长度为 $K+1$ 的系数向量，$\emptyset(t)$ 为基函数向量。使用 c_i 代替 $x_i(t)$ 进行距离计算，即 $D_{ij}(x_i(t), x_j(t)) = D_{ij}(c_i, c_j)$。若使用标准正交基函数，则 $W = \int \emptyset(t) \emptyset'(t) \mathrm{d}t$ 即为单位矩阵。Tarpey 等（2003）指出，若使用标准正交基函数且利用 OLS 估计来获得基函数系数，则对由此得到的基函数系数进行聚类分析的结果将近似于直接对原始数据进行聚类的结果。

第二步：对有限维的系数向量采用传统的聚类方法进行聚类，相似性的度量方式与传统的度量方式一致，可以选用曼哈顿距离、欧氏距离、余弦距离、马氏距离等。

二、基于曲线形态的函数型聚类分析方法

基于数值距离的函数型聚类分析方法，只有在所要聚类的函数曲线之间具有比较接近的形态特征时才会比较有效，基于数值距离的相似性度量

容易受尺度的影响,不适用于衡量曲线形态特征的聚类情形。基于数值距离的函数型聚类与离散的聚类思想是一致的,能够反映数据之间的紧密程度,但是没能体现出函数型数据整体性的变化趋势,而函数型数据的特点在于聚类对象是函数(曲线)本身,因此单纯以基于数值距离的相似性度量来衡量曲线相似性并不全面,没有反映出曲线本身带有的很多特性,而基于曲线形态的函数型聚类则能够体现出函数型数据本身的特性,弥补这一部分的不足。在实践中,曲线的轨迹形态也是十分重要的,例如在金融时间序列数据中,投资者不仅仅关注着证券的价格,同样会对证券的波动形态十分关注,尤其是曲线的转折点,是投资者十分重视的,同样两只在某时间段波动稳定上涨的股票,可能有着完全不同的波动形态,而这些波动在实际中会对投资者造成十分巨大的影响,没能把握曲线的波动类型可能会影响投资者的投资决策。基于这一点,许多学者都在研究如何能够度量曲线轨迹形状的相似性。

(一)基于基函数导数相似性度量的函数型聚类分析方法

仅对基函数系数进行分析,仅仅是对数据进行了拟合,主要体现的是静态的特征,并不能挖掘曲线的动态特征,没能体现函数型数据分析的优势。函数分析的一大优势就是可以使用各阶导数曲线来衡量曲线变化率、变化加速度等曲线内在的动态特征。一阶导数能够表示原函数的变化率,二阶导数能够代表一阶导数曲线的变化率,代表原函数的变化加速度。

记 $x_i(t)$ 的一阶导数为 $\Delta x_i(t)$,$\phi(t)$ 的一阶导数为 $\Delta\phi(t)$,$\Delta W = \int \Delta\phi(t)\Delta\phi(t)' \mathrm{d}t$。以函数型欧式距离(3-3)为例,一阶导数曲线之间的函数型欧式距离可以表示为

$$D_{ij}^1 = \left[\int (\Delta x_i(t) - \Delta x_j(t))^2 \mathrm{d}t\right]^{1/2} = \left[\int (c'_i\Delta\phi(t) - c'_j\Delta\phi(t))^2 \mathrm{d}t\right]^{1/2}$$

$$= \left[\int ((c_i - c_j)'\Delta\phi(t))^2 \mathrm{d}t\right]^{1/2} = \left[\int (c_i - c_j)'\Delta\phi(t)\Delta\phi(t)'(c_i - c_j)\mathrm{d}t\right]^{1/2}$$

$$= \left[(c_i - c_j)'\left(\int \Delta\phi(t)\Delta\phi(t)'\mathrm{d}t\right)(c_i - c_j)\right]^{1/2} = \left[(c_i - c_j)'\Delta W(c_i - c_j)\right]^{1/2}$$

$$(3\text{-}6)$$

记 $x_i(t)$ 的 s 阶导数为 $\Delta^s x_i(t)$,$\phi(t)$ 的 k 阶导数为 $\Delta^s\phi(t)$,$\Delta^s W = \int \Delta^s\phi(t)\Delta^s\phi(t)' \mathrm{d}t$,则 s 阶导数曲线之间的函数型欧式距离可以表示为

$$D_{ij}^s = \left[\int (\Delta^s x_i(t) - \Delta^s x_j(t))^2 \mathrm{d}t\right]^{1/2} = \left[(c_i - c_j)'\Delta^s W(c_i - c_j)\right]^{1/2}$$

$$(3\text{-}7)$$

Leva 等（2013）研究了函数视角下的基于 D_{ij}^2 和 $\sqrt{(D_{ij}^0)^2 + (D_{ij}^1)^2}$ 下的 K-means 聚类。

黄恒君等（2013）给出了 B 样条基函数的一阶导数和二阶导数的具体展开形式，以城乡收入函数聚类实例进行了验证，结果表明引入导数距离作为曲线变化信息，能够得到更好的聚类结果。

（二）基于极值点相似性度量的函数型聚类分析方法

1. 基于极值点符号相似性度量的函数型聚类分析方法

Ingrass 等（2003）提出了一种基于极值点符号的相似性度量，并用于函数型聚类。基于极值点符号的相似性聚类是一种通过函数极值点（曲线顶点）的符号变换，即极大值与极小值的转换方式来确定函数曲线形态方式的常用方法。假设函数 $x(t)$ 在区间 $[t_1, t_T]$ 上连续且一阶可导，记其函数空间为 X。

（1）第一步：极值点描述。

将函数 $x(t)$ 的极值点在极大值和极小值之间的转换称为极值点的符号变换，记极值点序列的符号集合为 $L(x(t))$。

则 $L(x(t)) = (l_1, l_2, \cdots, l_r)$，$|L(x(t))| = r$ 表示极值点的个数。

其中 $l_i = \begin{cases} 1 & \text{当第 } i \text{ 个极值点为局部极大值点} \\ -1 & \text{当第 } i \text{ 个极值点为局部极小值点} \end{cases}$

由曲线的性质可知，$l_i \neq l_{i+1}$，即 $L(x(t))$ 是由 1 与 -1 交替形成的集合。若函数 $x(t)$ 单调，则 $L(x(t)) = \Phi$，$|L(x(t))| = 0$。

（2）第二步：相似性测度。

记函数 $x_i(t)$ 与 $x_j(t)$ 符号重叠的最大子集为 $L(x_i(t)) \bigcap L(x_j(t))$，记其长度为 $|L(x_i(t)) \bigcap L(x_j(t))|$。

则有

$$|L(x_i(t)) \bigcap L(x_j(t))| = \begin{cases} 0 & \text{若 } L(x_i(t)) = \Phi \text{ 或 } L(x_j(t)) = \Phi \\ |L(x_i(t))| & \text{若 } x_i(t) = x_j(t) \\ |L(x_i(t))| - 1 & \text{若 } x_i(t) \neq x_j(t) \text{ 且 } L(x_i(t)) = L(x_j(t)) \\ \min\{|L(x_i(t))|, |L(x_j(t))|\} & \text{其他} \end{cases}$$

$$\text{(3-8)}$$

函数 $x_i(t)$ 与 $x_j(t)$ 之间的相似性测度公式为：

$$D_{ij} = |L(x_i(t))| + |L(x_j(t))| - 2|L(x_i(t)) \bigcap L(x_j(t))| \quad \text{(3-9)}$$

2.基于极值点时间相似性度量的函数型聚类分析方法

基于极值点符号的相似性聚类只考虑了曲线的极大值和极小值的符号,只能表示曲线之间在波动次数上的相似性,并没有考虑曲线波动横向的时间跨度。基于这一点,Ingrass 等(2003)在基于极值点符号的相似性聚类基础上加入了时间跨度的属性,使用邻近极值点之间的时间跨度来代替极值点的符号相似度,具体的步骤如下。

(1)第一步:极值点描述。

求 $x_i(t)$ 的一阶导数,并根据一阶导数求出极值点,并判断是局部极大值点还是局部极小值点。

记函数 $x_i(t)$ 的极值点集合(由小到大按序排列)如下:

极大值点的集合:$M_i = \{r_1^i, r_2^i, \cdots, r_{m_i}^i\}$

极小值点的集合:$N_i = \{g_1^i, g_2^i, \cdots, g_{n_i}^i\}$

其中 r_k^i 和 g_k^i 均表示 t 的取值。

对于端点值,若第一个极值点为极大值,t_1 则作为极小值点集合的第一个值;若第一个极值点为极小值,t_1 则作为极大值点集合的第一个值;若最后一个极值点为极大值,t_T 则作为极小值点集合的最后一个值;若最后一个极值点为极小值,t_T 则作为极大值点集合的最后一个值。

(2)第二步:邻近极值点。

对于曲线 $x_i(t)$ 和 $x_j(t)$,记 r_k^{i*} 为 $M_j = \{r_1^j, r_2^j, \cdots, r_{m_j}^j\}$ 中距离 r_k^i 最近的点,g_k^{i*} 为 $N_j = \{g_1^j, g_2^j, \cdots, g_{n_j}^j\}$ 中距离 g_k^i 最近的点,即

$$r_k^{i*} = \{r_h^j : \min |r_h^j - r_k^i|\} \quad h = 1, 2, \cdots, m_j \tag{3-10}$$

$$g_k^{i*} = \{g_h^j : \min |g_h^j - g_k^i|\} \quad h = 1, 2, \cdots, n_j \tag{3-11}$$

(3)第三步:相似性测度。

$$d_{ij} = \frac{\sum_{k=1}^{m_i} |r_k^i - r_k^{i*}| + \sum_{k=1}^{n_i} |g_k^i - g_k^{j*}|}{m_i + n_i} \tag{3-12}$$

d_{ij} 不一定等于 d_{ji},因此衡量 $x_i(t)$ 和 $x_j(t)$ 的相似性时使用二者均值,即

$$D_{ij} = \frac{d_{ij} + d_{ji}}{2} \tag{3-13}$$

3.基于极值点纵横向相似性度量的函数型聚类分析方法

靳刘蕊(2008)认为基于极值点的时间相似性聚类只考虑了曲线波动横向的时间跨度,也没有考虑曲线波动纵向的波动幅度。使用邻近极值点之间的欧式距离来代替邻近极值点之间的时间跨度作为相似性度量。

记点 r_k^i 与点 r_k^{i*} 的距离为 $dd(r_k^i)$，点 g_k^i 与点 g_k^{i*} 的距离为 $dd(g_k^i)$，则有

$$dd(r_k^i) = \sqrt{(r_k^i - r_k^{i*})^2 + (x_i(r_k^i) - x_j(r_k^{i*}))^2} \qquad (3\text{-}14)$$

$$dd(g_k^i) = \sqrt{(g_k^i - g_k^{i*})^2 + (x_i(g_k^i) - x_j(g_k^{i*}))^2} \qquad (3\text{-}15)$$

函数 $x_i(t)$ 与 $x_j(t)$ 之间的相似性测度 D_{ij} 计算如下：

$$d_{ij} = \frac{\sum\limits_{k=1}^{m_i} dd(r_k^i) + \sum\limits_{k=1}^{n_i} dd(g_k^i)}{m_i + n_i} \qquad (3\text{-}16)$$

$$D_{ij} = \frac{d_{ij} + d_{ji}}{2} \qquad (3\text{-}17)$$

第三节　基于数值距离和曲线形态的函数型聚类分析方法

一、基于极值点偏移补偿相似性度量的函数型聚类分析方法

前文分别讲述了基于曲线距离的函数型聚类和基于形态的函数型聚类，两种聚类方式各有对数据特征反映的优势，目前学者们对于函数型聚类分析主要停留在这两种方式上，但在实际应用中，单独使用某一种聚类方法来测度数据的相似性都会忽视数据的一部分特性。目前研究中对于曲线数值距离和曲线轨迹形态的选择往往是由主观决定的，同样以金融股票价格曲线为例，在对价格曲线进行聚类时，一些做中长期的价值投资者会比较重视曲线之间的整体差异，常使用前者作为聚类方法，而一些短期做波段的投资者比较重视曲线的波动以及波动时点，通常使用后者作为聚类依据。实际上作为投资者，往往是多方面考虑问题的，以一种综合的心态进行决断，既希望曲线能够在整体上数值距离更加贴近又希望曲线的轨迹能够尽可能接近，但对于两者的侧重点很难把握，因此需要客观地将基于距离的函数型聚类与基于形态的函数型聚类有效结合在一起，对两种模式进行信息挖掘。

基于极值点纵横向相似性度量的函数型聚类分析是在极值点提取完之后，以两个极值点之间的距离为基础，进行两曲线极值点之间的距离汇

总,并以此作为相似性判断的依据。这种方式能够判定极值点的排列相似性,并涵盖了极值点距离,相比于基于极值点符号相似性度量和基于极值点时间相似性度量,用极值点间距离是从横向和纵向的综合角度来反映曲线的相似性,但是使用极值点之间的距离只能反映曲线在极值点上的邻近程度,这种方式实际上测度的仍然是曲线在形态上的相似度,比如用这种方式计算的相似性度量无法区分极值点相同但是曲线波动程度不同的情形。此外,此法很大的一个缺点在于计算极值点与其邻近极值点之间的距离时,横坐标与纵坐标的量纲难以统一。

这种基于极值点来判定曲线轨迹形态的方法核心在于对极值点间的偏移进行惩罚,显然两条曲线的极值点的位置越接近,会使得最终求得的极值点距离越小;反之极值点偏移越大,会使得最终的求得极值点距离也越大。但是极值点的偏移的距离并不能代表曲线偏移的距离,因此,本节将这种对极值点偏移进行惩罚的思想加入曲线距离的度量中,提出基于曲线极值点偏差补偿的相似性度量。

定义极值点偏差区间:曲线上的极值点与其邻近极值点构成的横向区间。定义极值点偏差的距离:两条曲线在极值点偏差区间范围内的距离。以 r_k^i 为例,记 $t_1 = \min\{r_k^i, r_k^{i*}\}$,$t_2 = \max\{r_k^i, r_k^{i*}\}$,极值点 r_k^i 的偏差区间为 $[t_1, t_T]$。记 $dd(r_k^i)$ 为极值点 r_k^i 的偏差距离,即两条曲线在 $[t_1, t_2]$ 区间上的距离,则

$$dd(r_k^i) = d_{ij}([t_1, t_T]) = \sqrt{(r_k^i - r_k^{i*})^2 + (x_i(r_k^i) - x_j(r_k^{i*}))^2}$$

(3-18)

定义极值点偏差的距离补偿:将极值点偏差的距离加到两曲线之间的距离中作为由极值点偏差影响而导致的距离补偿。记 dd_{ij} 为采用了函数型欧式距离的,基于基函数距离的相似性度量方法,其计算公式为:

$$dd_{ij} = ||x_i(t) - x_j(t)||_2 = \left[\int(x_i(t) - x_j(t))^2 dt\right]^{\frac{1}{2}}$$

$$= \left[\int(C'_i\o(t) - C'_j\o(t))^2 dt\right]^{\frac{1}{2}} = \left[\int(C_i - C_j)'\o(t)\o(t)'(C_i - C_j) dt\right]^{\frac{1}{2}}$$

$$= \left[(C_i - C_j)'\int\o(t)\o(t)' dt(C_i - C_j)\right]^{\frac{1}{2}}$$

$$= \left[(C_i - C_j)'W(C_i - C_j)\right]^{\frac{1}{2}}$$

(3-19)

计算函数 $x_i(t)$ 与 $x_j(t)$ 之间的相似性测度

$$d_{ij} = dd_{ij} + \sum_{k=1}^{m_i} dd(r_k^i) + \sum_{k=1}^{n_i} dd(g_k^i)$$

(3-20)

$$D_{ij} = \frac{d_{ij} + d_{ji}}{2} \tag{3-21}$$

二、几种相似性度量方法对比的实例

使用不同的相似性度量,聚类结果可能会完全不同。本小节通过一个简单的例子更加直观地体现上述几种方法的对比。如图 3-1 所示,图中 a、b、c、d 三条曲线的起始点与终点都相同,变化趋势也是一致的,唯一不同在于极大值点的位置。现在的目标是使用不同的相似性度量方式比较曲线 a 与曲线 b、c、d 的相似性。

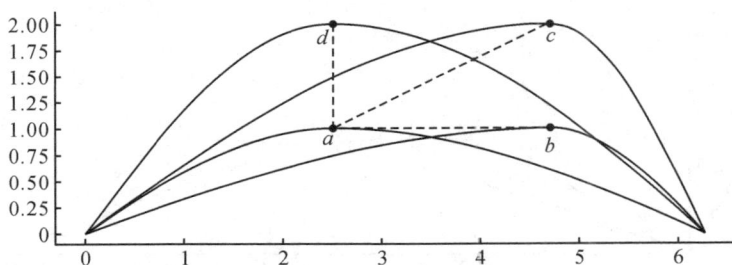

图 3-1　几种相似性度量比较图[①]

如果通过基于基函数距离来判断曲线相似性,以绝对距离(曲线间的面积)为例,假设曲线 a 和曲线 b、c、d 之间的距离分别为 d_{ab}、d_{ac}、d_{ad}。明显有 $d_{ac} > d_{ab}$,$d_{ad} > d_{ab}$,而 d_{ac} 与 d_{ad} 之间的大小可以通过计算得到。相比于曲线 c 和曲线 d,曲线 b 与曲线 a 更加相似。

如果通过基于极值点符号相似性度量来判断曲线相似性,若采用,由于四条曲线的极值点符号序列完全相同,则曲线 b、c、d 与曲线 a 之间的相似性是一样的,从中能够看出,虽然极值点符号能够代表曲线的极值点波动的规律,但是曲线波动的细节完全没有反映出来,明显有很大差异的 b、c、d 三条曲线将会被视为相同的。

如果通过基于极值点时间相似性度量来判断曲线相似性,由图 3-1 能明显看出曲线 b、c、d 仅仅在极大值处有差异,假设曲线 a 和曲线 b、c、d 之间的相似性度量分别为 D_{ab}、D_{ac}、D_{ad},曲线 a 和曲线 b、c、d 的极大值点之间的横向时间跨度分别为 d_{ab}、d_{ac}、d_{ad}。由相似性度量的计算公式可以推导

①　图 3-1 的作用是更加直观地展现本章提及的几种相似性度量方法各自的特点,其中黄色、绿色、深蓝色、浅蓝色分别表示曲线 a、b、c、d。

出,在本例中,D_{ab}、D_{ac}、D_{ad} 的大小关系等价于 d_{ab}、d_{ac}、d_{ad} 之间的大小关系,显然有 $d_{ab} = d_{ac} > d_{ad} = 0$,即相比于曲线 b 和曲线 c,曲线 d 与曲线 a 更加相似,而曲线 b 和 c 与曲线 a 的相似性是一致的,从此例中也能够十分明显地体现出该法虽然能够区分曲线在横向上的时间跨度,但是对曲线在纵向波动的程度上无法进行区分。

如果通过基于极值点纵横向相似性度量来判断曲线相似性,假设曲线 a 和曲线 b、c、d 的极大值点之间的距离分别为 d_{ab}、d_{ac}、d_{ad},显然有 $d_{ac} > d_{ab} > d_{ad}$,相比于基于极值点时间相似性度量,此法确实能够区分出曲线 b 和曲线 c 相对于曲线 a 的相似性。

如图 3-2 所示:

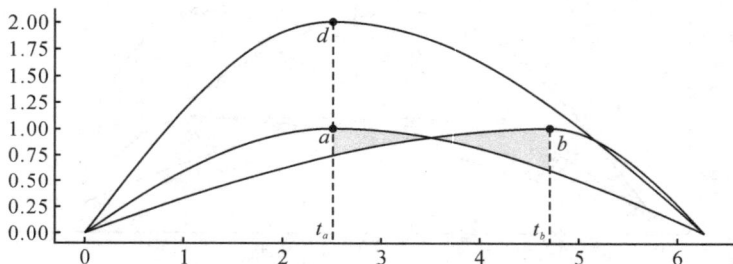

图 3-2　基于极值点偏移补偿的相似性度量说明图①

同样的选取之前的 a、b、d 三条曲线,图 3-2 中 a、b、d 三条曲线的起始点与终点都相同,变化趋势也是一致的,唯一不同在于极大值点位置。现在的目标是比较曲线 a 与曲线 b、d 的相似性,即在曲线 b 和曲线 d 中选取一条与曲线 a 更为相近的曲线。在本节给出的方法中,不再使用极值点之间的距离作为相似性判定,而是依据极值点偏移大小进行补偿计算。因计算曲线 b 与曲线 a 相似性时,由于曲线 b 与曲线 a 的极大值点出现了时间偏移,则使用曲线 b 和曲线 a 在时间 $[t_a, t_b]$ 范围内的距离对曲线 b 和曲线 a 之间的距离进行补偿,即在计算曲线 b 与曲线 a 的距离时,需要将图中阴影部分的距离额外加入新的距离计算中,作为曲线形态差异的体现,而计算曲线 d 与曲线 a 的相似性时,由于曲线 d 与曲线 a 的极值点没有时间偏移,则不需要进行距离补偿。最终通过上文的计算公式进行相似性的比较。基于极值点纵横向相似度测量也能够衡量横纵向的曲线相似性,但是

---

① 图 3-2 是图 3-1 的延续,用于展示本书提出的兼顾数值距离和曲线形态的相似性度量——基于极值点偏移补偿的相似性度量,为了图形显示能够更加清晰地描述本书的度量方法,将曲线 c 隐藏了。

如上文所提,在进行极值点间距离计算时很受横纵轴的量纲尺度影响,而使用距离补偿不仅能够将极值点偏移所造成的曲线相似性差异反映出来,也能够将曲线本身的距离邻近考虑进去,而且没有横纵轴之间的量纲尺度差异。

第四章 函数型综合评价方法——基于扩展的多指标函数型聚类分析方法研究

第一节 多指标面板数据的聚类分析方法

与单指标聚类分析相比,多指标聚类分析能够更加全面地反映数据信息,更加充分地体现数据特征。在实际应用中,人们往往会从多方面来考虑一个问题。同样以金融股票市场为例,投资者对股票进行分类时通常以收盘价作为最核心的指标,但是此外股票的开盘价、最高价、最低价、成交量、标的公司的业绩等一系列因素也会影响投资者决策。使用单个指标进行分析相对简单,而多指标的数据结构相对较为复杂,聚类过程会涉及指标重要性不同、指标相关性等一系列问题。

从课题组第二章第一节中多指标数据的结构形式中能够看出,采集到的多指标函数型数据实则是离散的多指标面板数据的形式。假设共有 n 个样本,p 个指标,$x_{ij}(t)$ 表示指标 j 下样本 i 的拟合曲线,$x_{ij}(t_k)$ 表示指标 j 下样本 i 在 t_k 时间点上的观测值。本节将从多指标面板数据的聚类分析方法出发,研究多指标函数型数据的聚类分析。

在传统的多指标面板数据聚类分析中,对于多指标的聚类,核心的思想就是将多个指标通过一定的方式综合为一个指标,然后利用单指标聚类的方法进行聚类。对于多指标的综合是将面板数据按照时间维度分离出一个个的由样本和指标构成的横截面,然后利用主成分分析法对横截面数据进行传统的多指标综合,从而求得每个时间点上各样本的综合指标值,即

$$y_i(t_k) = w_1(t_k)x_{i1}(t_k) + \cdots + w_j(t_k)x_{ij}(t_k) + \cdots + w_p(t_k)x_{ip}(t_k)$$

$$(4\text{-}1)$$

这种方式相当于认定权数具有时序性,在不同的时间节点,各指标权数不同。另一种方式是认为权数仅反映指标重要性的差别,认为一段时间

内这种重要性的差别不会发生很大的变化,从而对每个指标在时间维度上进行预处理,采用均值法或其他方法将整个时间区间退化为某一个抽象时间节点 t_s 的数据,再求得综合指标值,即

$$y_i(t_s) = w_1 x_{i1}(t_s) + \cdots + w_j x_{ij}(t_s) + \cdots + w_p x_{ip}(t_s) \qquad (4\text{-}2)$$

第二节　多指标函数型数据的聚类分析方法

一、引言

依据多指标面板数据聚类的思想,多指标函数型数据聚类分析的核心也在于指标的综合。在对多指标函数型数据进行聚类分析时,一种简便的方法是首先对函数型数据的观测值进行离散形式的多指标综合处理,然后对处理后的数据进行函数型分析,这种多指标函数型数据的聚类分析方法在进行指标综合过程中,会流失部分数据的函数特性。另一种更加合理的方式是先对函数型数据进行拟合,提取函数特征曲线,然后将函数曲线视作整体进行多指标综合。与多指标面板数据不同的是,函数型数据在进行指标综合的过程中,数据是以函数曲线的形式存在的,不能像多指标面板数据一样将数据视作多个横截面的叠加,而且函数视角下连续时间的权重是难以衡量的,因此通常不考虑权重的时序性,求得综合指标值,即

$$y(t) = w_1 x_{i1}(t) + \cdots + w_j x_{ij}(t) + \cdots + w_p x_{ip}(t) \qquad (4\text{-}3)$$

基于这种思想,可以将多指标面板数据指标综合方法拓展至函数型数据。许多学者将主成分分析拓展至函数型数据领域并应用于函数型聚类分析,也有将传统的拉开档次法拓展至函数领域。课题组将熵权法拓展至函数领域。

熵权法是利用指标的变异性进行定权的一种指标综合方法。熵是一种对系统状态不确定性的度量方法,被评价指标的熵值越小,则说明该指标的变异水平越高,提供的信息量也越大,在综合评价时所起作用也越大,权重相应越大;反之,评价指标提供的信息量越少,则权重也相应越小。

二、函数型数据的熵权法

(一)基于横截面数据的熵权法

第一步:指标正向化处理。

第二步:计算第 i 项指标的第 j 个样本占该指标的比重。

$$p_{ij} = \frac{x_{ij}}{\sum_{i=1}^{n} x_{ij}} \tag{4-4}$$

第三步:计算第 j 项指标的熵值。

$$e_j = -\frac{1}{\ln(n)} \sum_{i=1}^{n} \left[p_{ij} \cdot \ln(p_{ij}) \right] \tag{4-5}$$

第四步:计算指标权重。

$$w_j = \frac{1 - e_j}{\sum_{j=1}^{p} (1 - e_j)} \tag{4-6}$$

(二)基于多指标面板数据的熵权法

在多指标面板数据中,通常在计算第 i 项指标的第 j 个样本占该指标的比重时,样本不是一个单一的值,而是一个由多个时间点构成的一维向量,此时传统的熵权法无法直接使用,需要新的比重计算方式。

第一步:指标正向化处理。

第二步:计算第 i 项指标的第 j 个样本在观测点 t_k 的值占该指标的比重。

$$p_{ij} = \frac{x_{ij}(t_k)}{\sum_{i=1}^{n} \sum_{k=1}^{T} x_{ij}(t_k)} \tag{4-7}$$

第三步:计算第 j 项指标的熵值。

$$e_j = -\frac{1}{\ln(n)} \sum_{k=1}^{T} \sum_{i=1}^{n} \left[p_{ij}(t_k) \cdot \ln(p_{ij}(t_k)) \right] \tag{4-8}$$

第四步:计算指标权重。

$$w_j = \frac{1 - e_j}{\sum_{j=1}^{p} (1 - e_j)} \tag{4-9}$$

（三）基于函数型数据的熵权法

由于函数型数据多指标综合的对象是一个函数，因此在计算第 i 项指标的第 j 个样本占该指标的比重时，应当将所有的数据点视为一个整体，因此基于离散数据的熵权法中基于点值的计算方式不再适用于函数型数据。利用函数型熵值法求权重的具体过程如下。

第一步：数据预处理。对数据进行正向化处理，然后进行基函数拟合。

第二步：计算第 i 项指标的第 j 个样本占该指标的比重函数。

$$p_{ij} = \frac{x_{ij}(t)}{\sum\limits_{i=1}^{n} x_{ij}(t)} \tag{4-10}$$

第三步：计算第 j 项指标的熵值和变异程度。

$$e_j = -\frac{1}{\ln(n)} \int_{t_1}^{t_T} \sum_{i=1}^{n} \left[p_{ij}(t) \cdot \ln(p_{ij}(t)) \right] \tag{4-11}$$

第四步：计算指标权重。

$$w_j = \frac{1 - e_j}{\sum\limits_{j=1}^{p} (1 - e_j)} \tag{4-12}$$

第五章 扩展的函数型聚类分析方法的实例
——上证 50 成分股的实证分析

目前例如 Wind、同花顺等各大软件中对于股票的归类通常是从宏观角度出发的,例如按行业进行分类,按市值进行分类,这种分类对于投资者具有一定的参考价值,但是在股票交易中,投资者最在意的是股票的走势,即股票上涨与下跌的时点以及每次上涨下跌的幅度。股票的涨跌涉及的因素非常多,例如标的公司的业绩、股票机构持股数等基本面因素,股票价位、成交量等技术因素,以及公司重组、股东增减持等事件因素都会在一定程度上对股价产生影响。将具有相似价格变化趋势的股票化为一类,对投资者比较不同股票具有一定的参考意义。

由于 A 股沪深两市有 3000 多只股票,作为标的过多,课题组将选用上证 50 指数的成分股作为分析的对象。上证 50 指数是从上证 180 指数样本中挑选出规模较大、流动性较强的 50 只股票组成的样本股,综合反映上证证券市场最具有市场影响力的一批优质大盘股的整体情况(靳刘蕊,2008)。上证 50 指数中的股票每半年将会进行一次成分股的调整,课题组采用的时间区间保证其间所选的股票一直在上证 50 的成分股票池之中,在进行分析前剔除其间停牌时间较长的股票。

在对数据进行拟合之前,需要对数据进行无量纲化处理,消除比较对象之间的数量级差异。常见的无量纲化方法有极差归一化、Z-score 标准化、均值化等,课题组选用极差归一化方法进行量纲消除,将数据压缩至 0 和 1 之间。

第一节 上证 50 样市股价格曲线聚类分析

一、数据拟合

目前在进行数据拟合的过程中,对于基函数个数 K 的选择在学术界中没有一个统一的标准,通常情况下 K 值的确定需要视数据的具体特征而定。通常情况下,K 值越小,对原数据的反映程度越接近,对细节的反映越多,计算量也越小;而 K 值越大,曲线平滑程度越高,越具有普适性。

选取样本股票中的一只——浦发银行的收盘价格曲线作为案例,总计 123 个采样节点,分别选取基函数个数 K 为 5,10,15,20,30,50,100 的情况对离散的采样点进行了三次 B 样条基的拟合,具体的结果展现如图 5-1 所示。

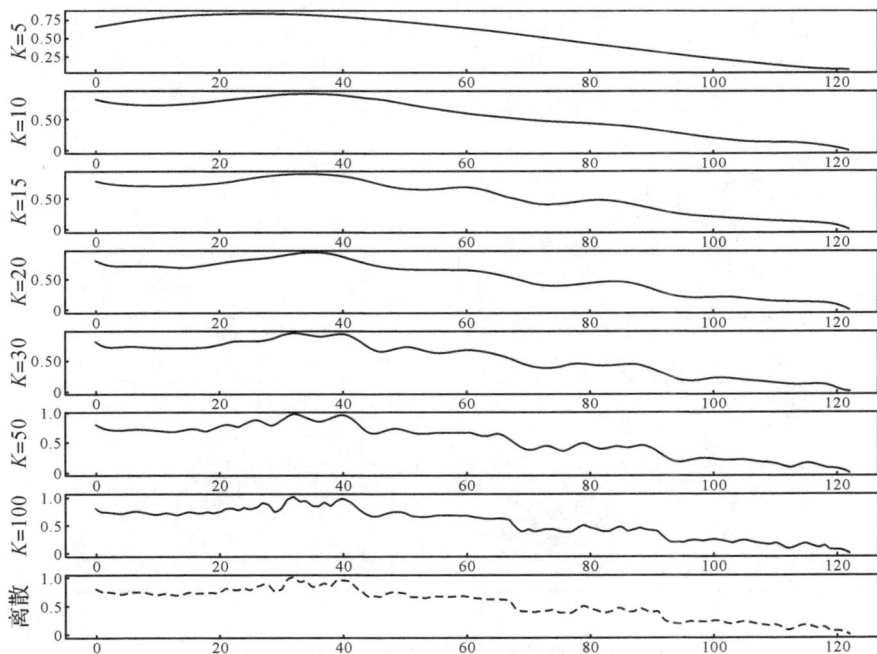

图 5-1　浦发银行价格在不同 K 值情形下拟合曲线对比[①]

从图 5-1 中能够明显地看出,与离散情形相比,拟合后的曲线能够更加直观地体现出价格波动的趋势,随着基函数个数 K 的增加,拟合的曲线越来越贴近离散的折线图,反应原始数据更多的局部特征。但是明显能看出 $K=5$ 时,曲线过于平滑(欠拟合),大部分的波动细节都被忽略了;而 $K \geqslant$ 50 时,明显感觉曲线过拟合。此外基函数计算的复杂度会随 K 的增加而增加。为了防止曲线的过拟合和欠拟合以及防止计算过于复杂,课题组选取 $K=10,15,20,25,30$。

———————————

① 图 5-1 用于比较不同 K 值的基函数拟合曲线的情形,并与离散的折线图对比。

针对不同的 K 值,分别对所有股票的价格数据进行函数拟合,具体的结果展现如图 5-2 所示。

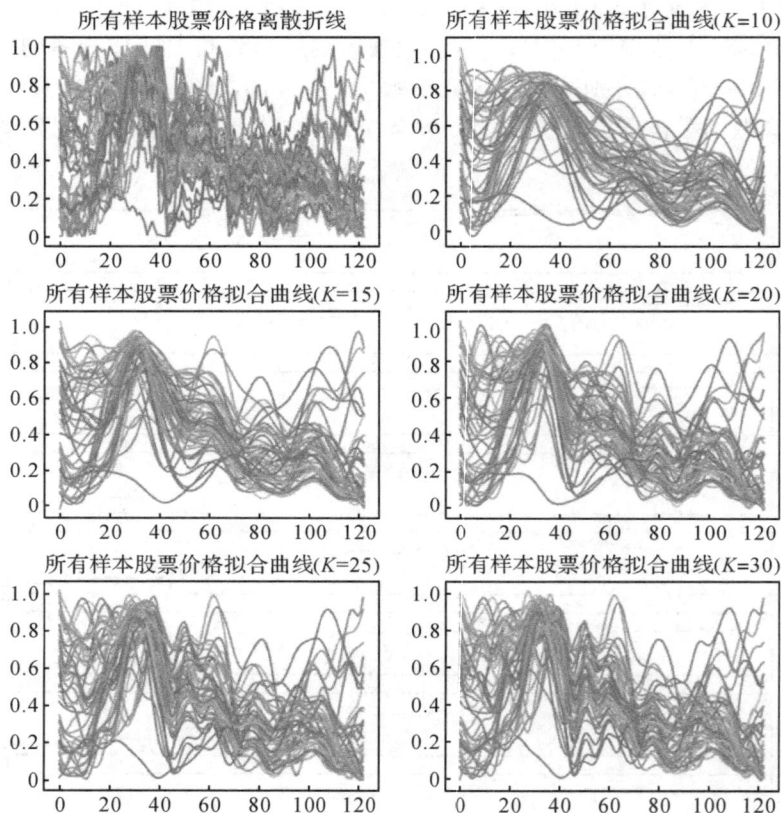

图 5-2　所有股票价格不同 K 值拟合曲线对比

从图 5-2 中可以看出所有股票在观测区间内价格的大致变化趋势。在起始阶段,大致能看出部分股票是从高点回落的,部分股票是从低点开始上扬的;在前期阶段,在第 20 日至第 40 日范围,明显许多股票价格集中在 0.8 附近,呈现一种上凸形态,但有少许股票没有这种特征;到后期阶段,在第 80 日至第 120 日范围,很多股票的走势有了较大的区分度,一些股票呈现出持续的高幅度上扬形态,一些股票呈现出先涨后跌的上凸形态。相比离散的折线图,从平滑后的曲线中能够更加清晰地看出所有股票价格波动的部分特征,但是由于曲线数量过多,曲线之间交杂相错,难以从图中提取更加有效的信息,作为投资者无法从中直接对股票进行有效的类别划分,因此需要进一步的聚类分析。

二、聚类模型及其参数选择

针对采集的数据分别使用文中介绍的方法进行聚类分析,具体包括基于采集的离散数据本身的距离度量 $D1$ 的传统聚类分析方法,基于基函数本身的距离度量 $D2$、基于基函数展开系数的距离度量 $D3$ 的两种基于数值距离的函数型聚类分析方法,基于曲线一阶导数的距离度量 $X1$、基于极值点符号的相似性度量 $X2$、基于极值点的时间相似性度量 $X3$、基于极值点的纵横向相似性度量 $X4$ 的四种基于曲线形态的函数型聚类分析方法,以及基于曲线极值点偏移补偿的相似性度量 DX 的兼顾数值距离和曲线形态的函数型聚类分析方法。

为了统一比较,在离散数据和函数型数据的距离计算中分别选用了传统的欧氏距离以及函数型欧氏距离作为距离度量的方法。

(一)聚类模型的选择

课题组使用一种改进的 K-means＋＋聚类分析方法进行聚类分析。这种改进的 K-means＋＋聚类分析方法以及传统的 K-means＋＋聚类分析方法都是针对 K-means 聚类分析方法的初始聚类中心选择方式进行改进的方法。主要的区别如下:

1. K-means 法

随机从样本数据集中选取不重复的 k(类别数)个样本作为初始聚类中心。K-means 法的随机性较强,不同的聚类中心会导致聚类结果有较大的差异。

2. K-means＋＋法

首先以随机的方式从样本数据集中选取一个样本,然后假设已经选取了 n 个不重复的样本,则在选取第 $n+1$ 个样本时,选择与当前 n 个样本的距离之和最大的样本,以此方法递归直至选出 k(类别数)个样本作为初始聚类中心。K-means＋＋法的思想在于选择尽可能远的初始聚类中心。但是 $n=1$ 的选择仍然具有一定的随机性。通常可以对每一个都作为第一个初始聚类中心,然后对所有结果进行一个综合处理。

3. 改进 K-means＋＋法

首先计算所有样本两两之间的距离,选择距离最大的两个样本,然后采用与 K-means＋＋法相同的方式每次选出与已选样本的距离之和最大的样本,直至选出 k(类别数)个样本作为初始聚类中心。此法是针对

K-means＋＋法中第一个点的随机性进行的改进,思想上仍然延续了 K-means＋＋法选择最远点组合的思想,但是完全取消了任何的随机性,聚类的速度更加迅速。由于函数型聚类分析在聚类过程中部分的函数求导以及积分运算涉及较大的计算量,为避免运行时间过长,课题组选用此法作为初始聚类中心的选择方法。

(二)聚类个数 k 的确定

目前,聚类分析中对于聚类个数 k 的选择没有十分有效的方式,通常实际中采用的方式是尝试多种 k 值,然后通过 SSE 或轮廓系数等指标选择其中最适合的值。由于数据本身的特性以及总聚类样本的个数没有特别大,课题组研究了 $k=3,4,5,6,7,8$ 的情形。

第二节 上证 50 样本股价格曲线聚类分析性能比较

一、聚类方法性能对比

对于聚类的结果,我们需要一个定量的指标进行评价,聚类的评价指标能够划分为"外部指标"和"内部指标"两大类,其中"外部指标"指的是将聚类结果与某个参考模型进行比较,包括 JC 系数、FM 系数、RI 指数等;而"内部指标"则是直接通过模型的聚类结果得到,不需要额外的其他数据,具体的方法有 DB 指数、轮廓系数等。课题组所研究的对象没有一个标准作为参考模型,因此课题组选用轮廓系数这种较为常用的"内部指标"作为检验聚类算法有效性的方法。轮廓系数结合了聚类的凝聚度与分离度,既能有效地反映聚类性能,而且在计算上又十分简便。利用轮廓系数进行聚类模型性能比较的步骤如下。

第一步:针对第 i 个对象,计算对象 i 到其所属的簇之内所有其他对象的相似性(距离),取均值为 a_i;计算对象 i 到其所属的簇之外所有对象的相似性(距离),取均值为 b_i。记第 i 个对象的轮廓系数为

$$s_i = \frac{b_i - a_i}{\max(a_i, b_i)} \tag{5-1}$$

根据 s_i 进行聚类模型性能对比,s_i 取值范围为 $[-1,1]$。s_i 越接近 1,表示样本 i 的聚类越合理;s_i 越接近 -1,表示样本 i 的聚类越不合理。

第二步：取所有对象轮廓系数的均值作为该聚类总的轮廓系数，并以此表示聚类模型的性能

$$s = \frac{\sum_{i=1}^{n} s_i}{n} \tag{5-2}$$

同样的 s_i 取值范围为 $[-1,1]$。s_i 越接近 1，表示样本 i 的聚类越合理；s_i 越接近 -1，表示样本 i 的聚类越不合理。

根据公式(5-1)和(5-2)，按照既定的模型以及不同的参数，分别计算各种聚类模型的轮廓系数，结果如表 5-1 所示。

表 5-1　不同参数下不同模型的聚类性能表

轮廓系数	$k=3$					$k=4$				
	$K=10$	$K=15$	$K=20$	$K=25$	$K=30$	$K=10$	$K=15$	$K=20$	$K=25$	$K=30$
D_1			0.562					0.556		
D_2	0.605	0.591	0.582	0.577	0.573	0.600	0.585	0.577	0.571	0.567
D_3	0.622	0.517	0.654	0.485	0.416	0.669	0.560	0.622	0.520	0.456
X_1	0.306	0.394	0.324	0.387	0.257	0.439	0.435	0.378	0.376	0.294
X_2	0.155	0.157	0.535	0.294	0.270	0.327	0.420	0.333	0.530	0.462
X_3	0.281	0.309	0.217	0.224	0.157	0.401	0.320	0.188	0.206	0.209
X_4	0.581	0.519	0.310	0.250	0.196	0.630	0.499	0.330	0.283	0.253
D_X	0.628	0.605	0.601	0.585	0.524	0.647	0.641	0.611	0.607	0.526
轮廓系数	$k=5$					$k=6$				
	$K=10$	$K=15$	$K=20$	$K=25$	$K=30$	$K=10$	$K=15$	$K=20$	$K=25$	$K=30$
D_1			0.620					0.621		
D_2	0.621	0.607	0.600	0.613	0.589	0.663	0.644	0.619	0.635	0.608
D_3	0.686	0.591	0.638	0.602	0.448	0.783	0.606	0.666	0.575	0.571
X_1	0.431	0.468	0.411	0.415	0.294	0.490	0.475	0.463	0.417	0.339
X_2	0.337	0.431	0.342	0.381	0.536	0.342	0.449	0.502	0.472	0.536
X_3	0.438	0.312	0.235	0.229	0.228	0.450	0.370	0.265	0.254	0.255
X_4	0.684	0.552	0.371	0.333	0.308	0.678	0.572	0.365	0.386	0.313
D_X	0.633	0.661	0.632	0.609	0.636	0.681	0.672	0.660	0.651	0.644

轮廓系数	k=7					k=8				
	K=10	K=15	K=20	K=25	K=30	K=10	K=15	K=20	K=25	K=30
D_1	0.623					0.628				
D_2	0.665	0.658	0.645	0.639	0.613	0.640	0.663	0.650	0.637	0.638
D_3	0.790	0.589	0.658	0.579	0.556	0.801	0.636	0.662	0.598	0.556
X_1	0.534	0.479	0.483	0.439	0.440	0.548	0.506	0.466	0.458	0.417
X_2	0.352	0.462	0.519	0.432	0.561	0.149	0.474	0.537	0.552	0.494
X_3	0.488	0.344	0.265	0.244	0.254	0.480	0.399	0.290	0.302	0.268
X_4	0.678	0.655	0.411	0.373	0.329	0.707	0.619	0.443	0.395	0.398
D_X	0.716	0.682	0.663	0.666	0.550	0.723	0.691	0.681	0.670	0.675

　　基于数值距离聚类的两种方法 D_2、D_3 在聚类的性能上,尤其是在选择相对较为合适的基函数个数之后,聚类的结果相比传统聚类方法 D_1 能够得到一定的提升。此外,将 D_2 与 D_3 进行对比,发现直接将基函数进行距离度量整体上相比利用基函数展开系数进行距离度量更加稳定,后者在一定的 K 之下能够有很高的轮廓系数,但是随着 K 的增加,轮廓系数有明显的下降。

　　基于曲线相似性聚类的四种方法 X_1、X_2、X_3、X_4 中,X_1、X_3、X_4 也存在着和 D_2 相同的问题,随着 K 值的增加,数据的拟合越接近原数据,平滑度越低,从而使得分析过程中的极值点数量增加,反而影响了聚类的准确性,整体上基于极值点的纵横向相似性度量 X_4 的聚类效果相比 X_1、X_3 要更好,而且选择适当的基函数个数后能够达到较好的聚类效果,但是整体上聚类效果要不如 D_2;而 X_2 则是相反,曲线过于平滑反而使得聚类效果下降,最终模型的轮廓系数整体上处于所有模型中较低的水平。

　　课题组提出的曲线极值点偏移补偿的相似性度量 D_X 具有相对较好的聚类结果,随着参数的变化,D_X 的聚类效果稳定向好。将 D_X 与 D_1 进行比较,在各种参数组合下 D_X 的聚类效果整体上都比 D_1 好;将 D_X 与基于曲线形态聚类中效果较好的 X_4 进行比较,除了在 $k=5$、$K=10$ 时 D_X 模型表现不好外,D_X 模型的效果都要好于 X_4 模型。将 D_X 与 D_2 进行对比,发现从模型的聚类效果来看,D_X 模型比 D_2 模型性能更好。对于具体的聚类情形,课题组选取 D_X、D_2 以及 D_1 的实际聚类结果进行对比。

　　有一点不足的是,D_X 的耗时相较于传统的离散聚类或者是导数聚类都要大很多,这点主要是由于该方法涉及较为复杂的积分矩阵运算,由于运算中在传统的距离计算 D_2 基础上还需要测度极值点的位置,然后依据极值点间距离进行距离补偿,这一部分的耗时量远超过前者耗时,而且可以发现,随着 K 值的增加,耗时量也越来越大,因此 K 值的选取不能过大。

二、聚类结果可视化对比

为了验证本书提出的基于极值点偏差补偿的函数型聚类分析方法(D_X 模型)是否达到既定的效果,对聚类结果进行可视化对比。由表 5-1 可知,D_2 模型是基于数值距离的函数型聚类分析方法中,聚类效果较优的,D_2 模型聚类性能的整体稳定性高于 D_3 模型,而且 D_2 模型采用了最基本的数值距离计算方式,所以认为相比 D_3 模型,D_2 模型是更值得采用的函数型聚类分析方法。同时,从表 5-1 中可知,在所有的基于曲线形态的函数型聚类分析方法中,X_4 的聚类效果是最好的。但是对比 D_2、D_3、X_1、X_2、X_3、X_4 模型的轮廓系数,可以发现 D_2 模型的整体聚类性能优于 X_4。所以本书最后选择了基于基函数本身的距离度量的 D_2 模型,作为 D_X 模型的可视化对比模型,而不增加 D_X 模型与 X_4 模型的比较。根据表 5-1,综合考虑模型的性能,本小节选取 $K=10$,$k=6$ 的情形进行展现。

(一)函数型聚类分析方法与传统聚类分析方法的可视化对比

首先采用传统的聚类方法 D_1,得到的最终聚类结果如图 5-3 所示。

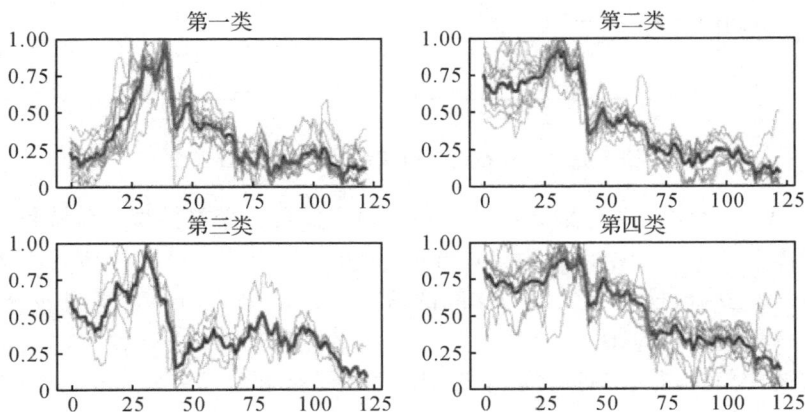

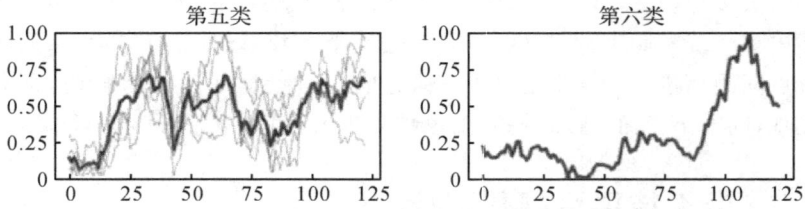

图 5-3　传统聚类方法 D_x 模型聚类结果展现图[①]

采用课题组提出的基于曲线极值点补偿的相似性度量 D_X 作为相似性度量，得到的最终聚类结果如图 5-4 所示。

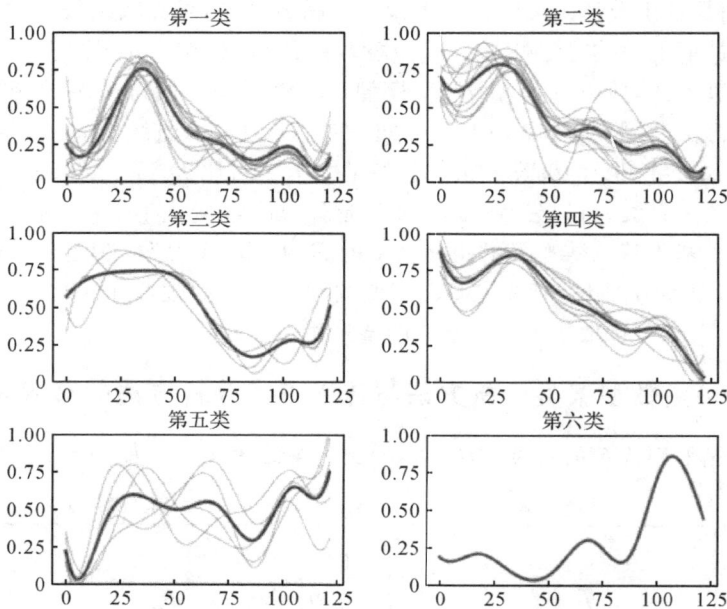

图 5-4　D_W 模型 $K=10, k=6$ 聚类结果展现图

图 5-3 和图 5-4 分别展示了课题组提出的函数聚类模型和传统聚类模型的聚类结果。从结果中能够看出，两种方式聚类的整体趋势没有太大的区别，但是函数模型中展现的曲线的特征以及趋势更加的直观明显，离散折线由于转折点过多，很难从中挖掘类别的主要特征，而函数型曲线提取了主要的信息，很容易区分各个类别之间的整体和局部差异。从图5-4中可

①　图中加粗的线代表该类别的中心曲线，其他线代表各样本曲线，第六类中只有一条线代表该类别中仅有一个样本，所以样本曲线与中心曲线重合。

以直观地挖掘各类股票的部分特征。

第一类股票在初期的上升幅度较大,从 0.1 至 0.3 区间起上升至 0.75 附近,随后直至第 80 日左右一直处于下降趋势,然后有一小段 20 日左右的小幅上升,随后又开始下跌。

第二类股票的曲线整体处于一个下跌的趋势,起点要整体高于第一类股票,在初期的前 30 日左右有一段小幅的上升,随后急速下跌,但是不同的是在下跌的过程中出现了两段上凸形态的区间。

第三类股票在 70 日之前是属于缓慢上扬之后急速下跌的形态,相较第二类股票,在 70 日之后是属于上升趋势,比较类似第五类股票。

第四类股票的形态与第二类股票非常相似,主要的区别在于中间缺少了一次上凸的区间,此外在达到第一高点后下跌的幅度没有第二类股票大。

第五类股票整体上是处于一个上升的趋势,尤其是在 25 日之前和 80 日之后有两段明显的上升区间。

第六类只有一只股票,从形态上看可以明显看出该股票的曲线与其余所有股票都有很大的不同,在前 80 日属于地位波动的形态,80 日之后有了一波大幅度的上升期随后回落。

对于投资者而言,函数型聚类结果的展示更加一目了然,而传统聚类结果的展现显得过于冗杂,投资者还需要在聚类之后再去提取类别的特征。

(二)兼顾数值距离与曲线形态的函数型聚类方法与基于数值距离的函数型聚类分析方法的可视化对比

采用基于基函数本身的距离度量 D_2 作为相似性度量,得到的最终聚类结果如图 5-5 所示。

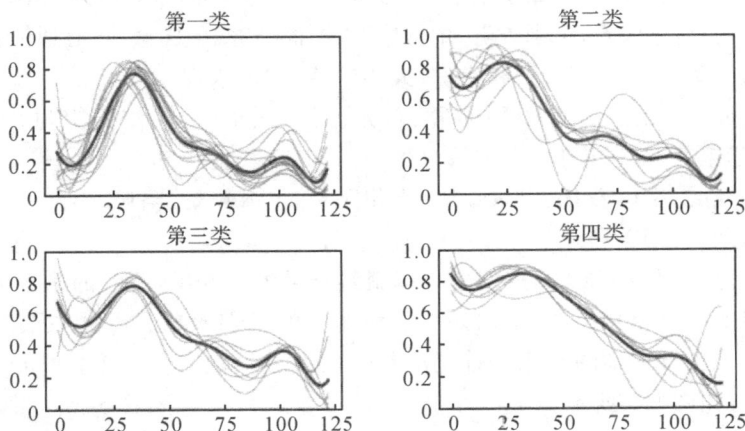

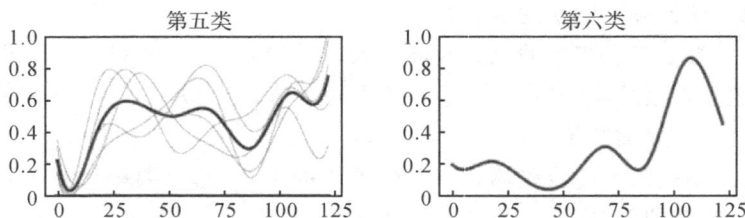

图 5-5　D_2 模型 $K=10, k=6$ 聚类结果展现图

第一类：宝钢股份、中信证券、招商银行、保利地产、华夏幸福、绿地控股、中国神华、兴业银行、农业银行、交通银行、工商银行、中国建筑、华泰证券、光大银行、中国石油、中国银行。

第二类：北方稀土、山东黄金、中国铁建、国泰君安、中国平安、新华保险、中国人寿、中国中车、浙商证券、海通证券。

第三类：民生银行、南方航空、中国联通、招商证券、大秦铁路、中国交建、中国银河、江苏银行。

第四类：浦发银行、伊利股份、东方证券、北京银行、中国太保、中国重工、中国电建、中国核电。

第五类：中国石化、上汽集团、贵州茅台、上海银行、洛阳钼业。

第六类：康美药业。

D_X 模型聚类结果中各样本的分类如下：

第一类：宝钢股份、中信证券、招商银行、保利地产、华夏幸福、绿地控股、中国神华、兴业银行、农业银行、交通银行、工商银行、华泰证券、光大银行、中国石油、中国银行。

第二类：民生银行、北方稀土、山东黄金、招商证券、中国铁建、国泰君安、中国平安、新华保险、中国人寿、中国中车、浙商证券、中国银河、海通证券。

第三类：南方航空、伊利股份、大秦铁路、中国太保。

第四类：浦发银行、中国联通、东方证券、北京银行、中国交建、中国重工、江苏银行、中国电建、中国核电。

第五类：中国石化、上汽集团、贵州茅台、上海银行、洛阳钼业。

第六类：康美药业。

对比 D_2 模型和 D_X 模型的具体聚类结果可以发现，两者的第五类和第六类结果是完全相同的，不同处在于前四类的个别股票。因此主要对前四类的划分进行详细的对比。首先从整体的聚类上观察 D_2 模型和 D_X 模型的差异，如图 5-6 所示。

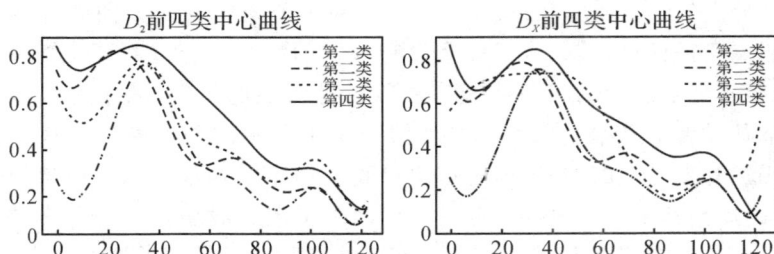

图 5-6 D_2 模型、D_X 模型前四类的聚类中心曲线对比图

图 5-6 中分别展示了 D_2 模型与 D_X 模型聚类结果中有差异的前四类的聚类中心曲线。从中可以看出第一类与第二类聚类中心曲线在两个模型中差异不大；第四类聚类中心曲线也有一定程度上的改变，主要是波动幅度上的差异，整体趋势改变不大；第三类聚类中心曲线有着比较明显的变化，整体形态与之前完全不同。整体上看，两个模型聚类结果的差异主要在第三类。

从 D_2 模型中股票所在簇位置改变的角度出发，对比 D_2 模型与 D_X 模型的聚类结果中第三类包含的股票发现：原归属于 D_2 模型的三只股票民生银行、招商证券、中国银河在 D_X 模型的聚类结果中归属第二类；原归属于 D_2 模型中的中国联通、中国交建、江苏银行三只股票在 D_X 模型的聚类结果中归属第四类。

D_2 模型中的第三类的八只股票曲线形态按照在 D_X 中的组别分类展示，如图 5-7 所示。

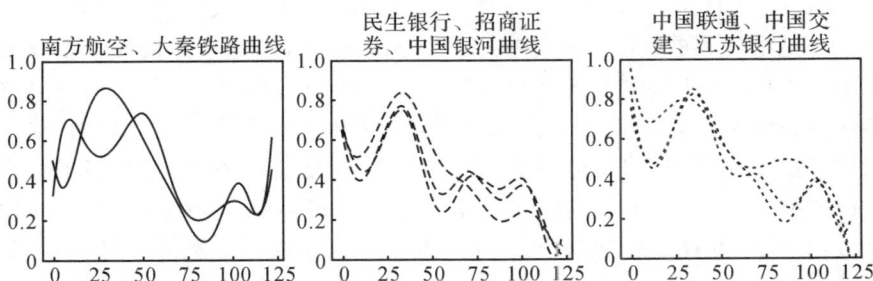

图 5-7 D_2 模型第三类中八条曲线的分类图

从图 5-7 中能够看出，第一个子图中的南方航空、大秦铁路与其余两个子图中的六只股票有着明显的形态差异：在起始阶段，第一个子图中两条曲线起点较低，从 0.4 附近开始波动，而其余几只股票是从 0.7 附近先下降后再开始上升;在中期,第 80 日左右,第一个子图中的两条曲线达到了整段观测期的最低点,其余六只股票没有这样的特性;在末端,第 110 日左右之后,第一个子图中的两条曲线有一段较为明显的上升,其余六只股票都继续下跌或者上升幅度很小。虽然第一个子图中的南方航空和大秦铁路之间仍然有形态上的差异,但是这两只股票相比于其他的六只股票更加的相似,因此与其余六只股票区分开。后两个子图中股票整体的形态差异没有第一个子图中那么大,但是在 D_X 模型中被划分至不同的两个类别,首先依据图 5-7 中展现的这六只股票的曲线形态以及图 5-4 中展现的 D_X 模型六类聚类中心曲线,可以看出这六只股票无论在数值距离还是曲线形态上仅与其被归属的第二类和第四类较为相似,而与其余四类聚类中心曲线都具有较大的差异,因此继续比较这六只股票与其所在 D_X 模型中类别(第二类和第四类)的中心曲线,首先具体比较 D_X 模型中第二类和第四类的中心曲线之间的差异,如图 5-8 所示。

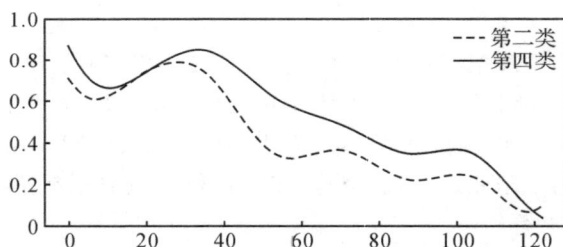

图 5-8　D_X 模型第二类与第四类的中心曲线对比图

从图 5-8 中可以看出,第二类曲线与第四类曲线主要有三点差异。

一是第二类曲线明显整体在第四类曲线下方,当样本曲线明显整体处于偏下方或上方时,样本能够很直观地看出应当被归属为第二类,而当样本曲线在两类中心曲线之间波动时,则需要通过其他特征进行观测,这一点主要能用体现数值距离的差异;二是第二类曲线在 70 日左右多了一次上凸的波段,第四类中心曲线在这附近也有一段减缓下降幅度的趋势,但是波动较小,没有形成上凸形态,这一点主要突出曲线形态的差异;三是第二类曲线在第 30 至 60 日期间的下降幅度要大于第四类曲线,第四类曲线在第 100 日之后下降的幅度要大于第二类曲线,这一点既包含数值距离又包含了曲线形态的差异。依据这三点主要的差异,分别将民生银行、招商证券、中国银河、中国联通、中国交建、江苏银行这六只股票的曲线与 D_X 模型的第二类、第四类聚类中心曲线进行对比,通过综合考虑以上的三点差异以及最终样本所归属的类别,体现 D_X 模型聚类的特点。具体如图 5-9

所示。

子图一 民生银行与 D_X
第二类、第四类中心曲线

子图二 中国联通与 D_X
第二类、第四类中心曲线

子图三 招商证券与 D_X
第二类、第四类中心曲线

子图四 中国交建与 D_X
第二类、第四类中心曲线

子图五 中国银河与 D_X
第二类、第四类中心曲线

子图六 江苏银行与 D_X
第二类、第四类中心曲线

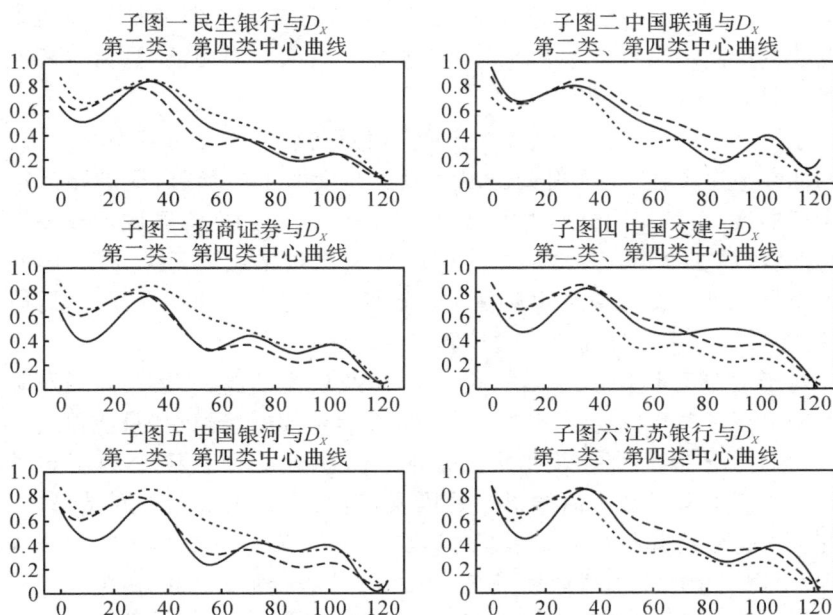

图 5-9　民生银行等六条价格曲线与 D_X 模型第二类、第四类的中心曲线对比图[①]

从图 5-9 中可以看出，左侧的三张子图是民生银行、招商证券、中国银河三条被归属 D_X 模型第二类的曲线，右侧的三张子图是中国联通、中国交建、江苏银行三条被归属 D_X 模型第四类的曲线。综合考虑上文提及的三点差异，发现其中子图三中的招商证券、子图五中的中国银河以及子图四中的中国交建能够基本满足上文提及的三点第二类中心曲线与第四类中心曲线的主要差异。

其他三只股票在分析差异时具有一定的分歧。

其中子图一中的民生银行在第一点的数值距离差异上明显与第二类中心曲线更加贴近；在第二点的曲线形态差异上又比较贴近第四类曲线；在第三点差异中处于两条中心曲线之间。该股整体上曲线形态比较贴近第四类中心曲线，数值距离比较贴近第二类中心曲线。

子图二中的中国联通在第一点的数值距离差异上不是特别明显，处于

---

① 图 5-9 中绿色线代表样本曲线，蓝色线代表第二类中心曲线，黄色线代表第四类中心曲线，绿色线与黄色线在每张子图中都一条为实线一条为虚线，实线代表该线是子图中样本曲线最终被归属的类别中心曲线。

　　两条中心曲线的中间水平;在第二点的曲线形态上在 70 日附近没有出现明显的上凸,比较贴近第四类中心曲线;在第三点差异中也是处于两条中心曲线的中间。该股整体上曲线形态比较贴近四色类曲线,数值距离差异不明显,需要通过计算得到。

　　子图六中的江苏银行在第一点的数值距离差异不是特别明显;在第二点的曲线形态中在 70 日附近出现一段小幅度的上凸形态,更加贴近第四类中心曲线;在第三点差异中在第 30 至 60 日期间的下降幅度比较贴近第二类曲线,而在第 100 日之后的下降幅度又比较贴近第四类曲线,因此这一点差异也难以直接通过观测衡量。该股整体上曲线形态比较贴近第四类曲线,数值距离差异需要通过计算得到。

　　对于类似民生银行、中国联通、江苏银行这类的曲线,无论是通过基于数值距离还是基于曲线形态单一角度出发的函数型聚类,都只能得到一个比较片面的结果,而课题组给出的标准同时涵盖了两个因素,既考虑了数值距离的因素又考虑了曲线形态的因素,当两个因素出现不同结果时,通过综合的比较将其归为更加贴近的类别,最终子图一中民生银行被归入第二类,子图二中的中国联通和子图六中的江苏银行被归入第四类。

　　除了两个模型差异比较明显的第三类之外,原属于 D_2 模型中第一类的中国建筑在 D_X 模型的聚类结果中归属第二类,由于 D_2 模型与 D_X 模型中的第一类中心曲线没有太大差异,将中国建筑与 D_X 模型中第一类与第二类中心曲线进行对比,结果如图 5-10 所示。

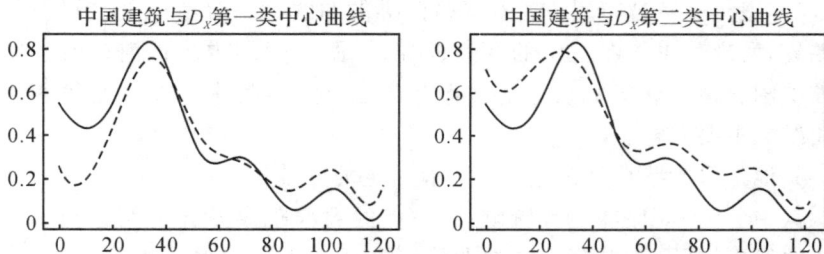

图 5-10　中国建筑价格曲线与 D_X 模型第一类、第二类的中心曲线的对比[①]

　　从图 5-10 中明显能够看出,中国建筑的曲线在第 70 日附近有一段明显的上凸形态,在形态上更加贴近于第二类中心。因此在经过综合的计算之后被归入了第二类中心。

　　此外原属于 D_2 模型中第四类的伊利股份、中国太保在 D_X 模型的聚类

---

　　① 　图 5-10 中虚线代表子图中类别的中心曲线,实线代表子图中样本的曲线。

结果中归属第三类，将伊利股份、中国太保的价格曲线与 D_x 模型中第一类与第二类中心曲线进行对比，结果如图 5-11 所示。

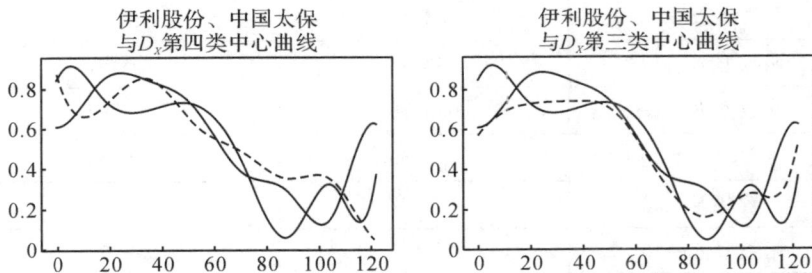

图 5-11　伊利股份、中国太保价格曲线与 D_x 模型第三类、第四类的中心曲线的对比

从图 5-11 中可以看出，伊利股份和中国太保在形态上与第四类中心曲线的确有较大的差异，尤其是在第 80 日之后，这两只股票的曲线是呈现上升趋势的，而第四类中心曲线则是保持下降趋势，而这个特征与第三类中心曲线较为贴近。

经过综合计算之后，这两只股票被纳入第三类。

第三节　多指标函数型数据的聚类分析方法的实例——上证 50 样本股量价双指标曲线聚类分析

Robert 等（2010）指出股市技术分析中最为重要的两个因素就是价格和成交量。因此课题组选择价格和成交量两个指标进行聚类分析。

一、数据拟合

首先利用多指标面板数据的熵权法计算离散情形下两个指标的权重，然后选取基函数个数为 $K = 10, 15, 20, 25, 30$ 的情形，分别依据不同的 K 值利用函数型熵权法计算出拟合后两条函数曲线之间的指标权重，具体权重如表 5-2 所示。

表 5-2　不同 K 值下指标权重

指标权重	价格	成交量
离散	0.3712	0.6288
函数型 $K=10$	0.3141	0.6859
函数型 $K=15$	0.3175	0.6825
函数型 $K=20$	0.3135	0.6865
函数型 $K=25$	0.3162	0.6838
函数型 $K=30$	0.3145	0.6855

从表 5-2 中能够看出,同样利用函数型熵权法,函数拟合时选用 K 值的不同会对指标权重产生微小的差异,而利用函数型熵权法计算的指标权重与利用传统离散情形的熵权法计算的指标权重有着较大的差异。具体使用哪种方式更加具有优势,需要进一步的分析。

为了进一步地体现函数型数据分析方法,课题组展现了所有股票的价格指标、成交量指标以及量价综合指标的离散折线以及 $K=10$ 拟合的函数曲线,如图 5-12 所示。

二、聚类模型参数选择

聚类分析的相似性度量分别选择了第一节中实证效果较好的度量方式,具体包括基于采集的离散数据本身的距离度量 D_1,基于基函数本身的距离度量 D_2 以及基于曲线极值点偏移补偿的相似性度量 D_X。其他参数选择不做变化。

三、聚类方法性能对比

从表 5-2 中能够看出,无论使用基于基函数本身距离度量的 D_2 模型还是基于曲线极值点补偿的相似性度量 D_X 模型,最终的聚类效果都比直接使用离散数据距离度量的 D_1 模型要好,说明多指标函数型聚类同样延续了单指标函数型聚类的优点,在聚类的性能上都比离散的情形有所提高。

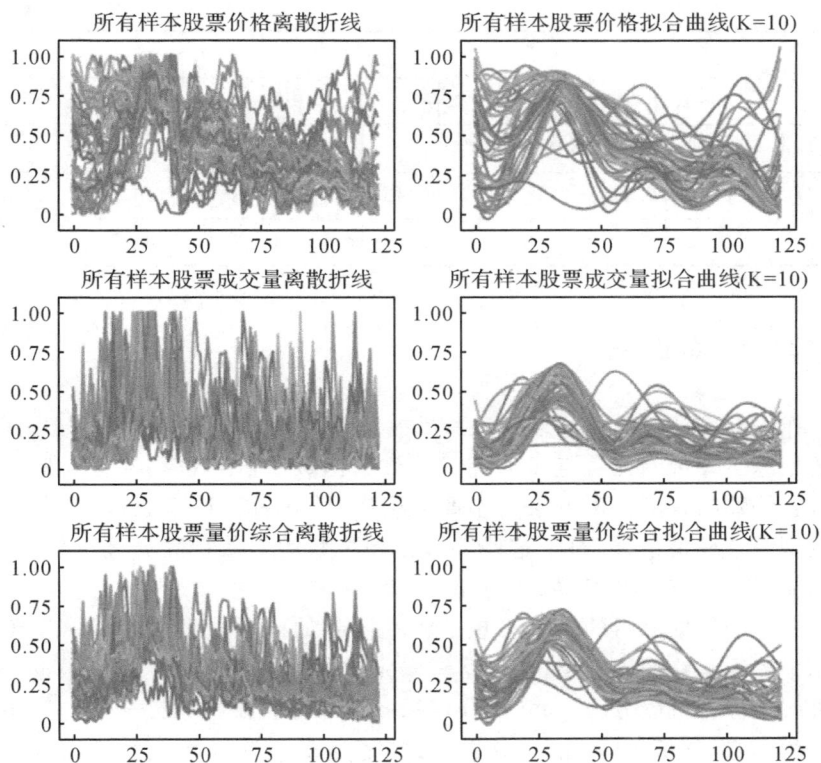

图 5-12　所有股票离散情形和 K＝10 拟合情形下价格、成交量以及综合指标图

表 5-3　不同参数下不同模型的多指标聚类性能表

轮廓系数	$k＝3$					$k＝4$				
	$K＝10$	$K＝15$	$K＝20$	$K＝25$	$K＝30$	$K＝10$	$K＝15$	$K＝20$	$K＝25$	$K＝30$
D_1	0.376					0.409				
D_2	0.449	0.461	0.456	0.430	0.426	0.44	0.487	0.482	0.459	0.454
D_X	0.566	0.539	0.509	0.495	0.485	0.508	0.607	0.425	0.499	0.435
轮廓系数	$k＝5$					$k＝6$				
	$K＝10$	$K＝15$	$K＝20$	$K＝25$	$K＝30$	$K＝10$	$K＝15$	$K＝20$	$K＝25$	$K＝30$
D_1	0.397					0.394				
D_2	0.488	0.464	0.451	0.436	0.429	0.496	0.458	0.453	0.435	0.433
D_X	0.524	0.476	0.463	0.480	0.453	0.549	0.517	0.484	0.517	0.455

续　表

轮廓系数	$k=7$					$k=8$				
	$K=10$	$K=15$	$K=20$	$K=25$	$K=30$	$K=10$	$K=15$	$K=20$	$K=25$	$K=30$
D_1	0.413					0.424				
D_2	0.525	0.484	0.470	0.456	0.454	0.553	0.528	0.516	0.503	0.477
D_X	0.567	0.521	0.479	0.525	0.488	0.609	0.532	0.546	0.553	0.515

四、一点说明

作为综合评价的最终目的——对被评价对象或系统进行排序或分类，函数型综合评价的任务远没有完成。作为函数型的评价结果在实际中往往有它特殊的含义。例如义乌小商品指数，消费者物价指数(CPI)等就是函数型综合评价结果，对于这些综合排序指数的函数型数据分析(FDA)，为职能部门制订政策提供相应的理论依据显得尤为重要。

函数型数据分析的主要思想是将观测到的函数型数据看成一个整体而非个体观测值的一个集合，从而与多元数据分析大不相同。函数型数据的进一步分析可以分为：探索性分析和实证性分析。探索性分析包括主成分分析、聚类分析、典型相关分析等；实证分析包括函数线性模型等。其中，函数型主成分分析可以研究多个函数之间的联动性变动，探索数据集中少数几种最具影响或重要的变化模式，找出代表每个曲线的典型变化模式。函数型聚类分析用来挖掘函数型数据集中潜在的类结构，将分析对象组成由类似对象组成的多个类过程，使类内的对象具有相似的某种曲线变化模式，类间的对象具有相异的某种曲线变化模式。函数型典型相关分析用来探索两组相关曲线之间变化的关联形式，并可将这种思想用于最优得分和分类问题的研究。函数型线性模型是用一个或多个变量的变化去解释另一个函数的变化模式。

本书对评价函数做进一步的聚类分析方法研究提供了一个方向，希望能够给函数型综合评价方法研究提供自己的微薄之力。

第六章　其他动态综合评价方法扩展

第一节　"新经济"下基于三维动态灰色关联模型的东部 11 省(市)发展水平综合评价

一、灰色关联模型的理论介绍

由于我国统计数据十分有限,而且现有数据灰度较大,再加上人为的原因,许多数据序列起伏波动频频,甚至出现大起大落,难以找到典型的分布规律,因此采用传统的数理统计方法(如回归分析、方差分析、主成分分析等)往往难以奏效。灰色关联分析是灰色系统理论的基石之一,它是建立在距离空间与点集拓扑(point-set topology)的灰色关联空间之上的一种有参考系的整体比较,提供了一个分析序列关系或系统行为的简要框架,其基本思想是根据序列曲线间距离变化的大小或几何形状相似程度来判断各因素间的关联程度(邓聚龙,2007)。灰色关联分析方法弥补了采用数理统计方法进行系统分析所导致的缺憾。它对样本量的多少和样本有无明显的规律都同样适用,而且计算量不大,十分方便,通常不会出现量化结果与定性分析结果不符的情况。国内外的诸多学者从理论和实证两个方面对灰色关联模型做了大量的研究(刘思峰等,2017)。

在国内,基于邓聚龙教授提出的灰色关联分析模型(邓聚龙,1985),许多学者围绕灰色关联分析模型的构造和性质进行了有益的探索,取得了不少有价值的成果。研究过程也从早期基于点关联系数的邓氏灰色关联分析模型,到基于整体或全局视角的绝对关联度、相对关联度和综合关联度等新的灰色关联分析模型(Liu S F,1991),从基于接近性测度相似性的灰色关联分析模型,到分别基于相似性和接近性视角构造的灰色关联分析模型(刘思峰、谢乃明,Forrest J,2010),研究对象也从曲线之间的关系分析拓展到曲面之间的关系分析,再到三维空间立体之间的关联分析(张可、刘思峰,2010),乃至 n 维空间中超曲面之间的关系分析(刘思峰,2017)。

国外学者将灰色关联分析应用于经济学、工程、医学与公共卫生、财务管理等领域。Ming-Yuan Hsieh,Tzung-Ming,YanChih-Cheng Huang(2014)通过灰色关联分析和灰色聚类分析的整合,创建了创新的聚类—灰色—比例—分析宏观经济绩效评估模型,并从定量研究角度对 11 个经济体的 10 个宏观经济指标进行交叉分析,讨论南非是否已成为金砖四国的成员。Abdulkerim Karaaslan,Kür atÖzgürÖzden(2017)首次结合灰色关联分析模型使用多变量灰色模型,并通过分析土耳其 1996—2014 年的信用评级和这些评级的决定因素进行预测。通过比较估计值和实际值,可以根据误差率和多变量灰色模型的结果显示准确的预测(Abdulkerim Karaaslan,Kür atÖzgürÖzden,2017)。Mohammed Yunus,Mohammad S. Alsoufi,Shadi M. Munshi(2016)尝试使用基于混合 Taguchi 设计方法的灰色关联分析(GRA)来优化控制因素,研究了热降特性(TC),例如热降/阻隔(TD)和热疲劳循环(TFC)各因素的重要性,使热喷涂涂层有效地用于高温应用。Kimia Pourmohammadi,Payam Shojaei,Hamed Rahimi,Peivand Bastani(2018)利用灰色关联分析分析了 19 个地中海东部国家(EMR)10 年间(2005—2014)的 6 个医疗融资指标,评估和排列了 EMR 国家卫生部门融资的状况。Paul Tae-Woo Lee,Cheng-Wei Lin,Sung-Ho Shin(2017)使用熵和灰色关联分析对中国台湾和韩国航运公司财务状况做了比较研究,应用熵来计算每年四家公司的财务比率的相对权重,然后通过灰色关联分析评估公司在此期间的财务业绩(Paul Tae-Woo Lee,Cheng-Wei Lin,2017)。

二、三维灰色关联模型的计算

一般灰色关联分析处理的是指标与对象(或方案)的二维问题,而社会经济领域存在大量动态多指标复杂系统综合决策问题,这类问题的基本特征是在决策空间和目标空间上增加了时间空间,属于具有时间、指标、对象(或方案)的三维决策排序问题,此类问题不能直接应用一般灰色关联度来解决(王正新等,2011)。

对于具有时间、指标、对象(或方案)的三维决策综合评价问题 $\{x_{ij}(t)\in(S_i,X_j,T_t)|i=1,2,\cdots,m;j=1,2,\cdots,n;t=1,2,\cdots,N\}$ 其中,i 代表评价对象,j 代表评价指标,t 代表时间样本点,$x_{ij}(t)$ 表示第 i 个评价对象中第 j 项指标在 t 时刻的观测数据。则该评价问题的信息矩阵为

$$A_1 = \begin{bmatrix} x_{11}(1) & x_{12}(1) & \cdots & x_{1n}(1) \\ x_{21}(1) & x_{22}(1) & \cdots & x_{2n}(1) \\ \vdots & \vdots & \ddots & \vdots \\ x_{m1}(1) & x_{m2}(1) & \cdots & x_{mn}(1) \end{bmatrix},$$

$$A_2 = \begin{bmatrix} x_{11}(2) & x_{12}(2) & \cdots & x_{1n}(2) \\ x_{21}(2) & x_{22}(2) & \cdots & x_{2n}(2) \\ \vdots & \vdots & \ddots & \vdots \\ x_{m1}(2) & x_{m2}(2) & \cdots & x_{mn}(2) \end{bmatrix},$$

$$\cdots,$$

$$A_N = \begin{bmatrix} x_{11}(N) & x_{12}(N) & \cdots & x_{1n}(N) \\ x_{21}(N) & x_{22}(N) & \cdots & x_{2n}(N) \\ \vdots & \vdots & \ddots & \vdots \\ x_{m1}(N) & x_{m2}(N) & \cdots & x_{mn}(N) \end{bmatrix}$$

三维灰色关联模型的计算步骤如下。

(一)数据无量纲化处理

$$\begin{cases} x'_{ijt} = \dfrac{x_{ijt} - x_{\min}}{x_{\max} - x_{\min}}, 正向指标 \\[3mm] x'_{ijt} = \dfrac{x_{\max} - x_{ijt}}{x_{\max} - x_{\min}}, 负向指标 \end{cases} \tag{6-1}$$

由此得到标准化矩阵 $X(t) = (x'_{ij}(t))$,其中,$x_{\max}$ 和 $x_{\min}$ 分别代表该项指标全局的最大值和最小值。

(二)构造全局的正理想解和负理想解,即动态参考序列为

$$S_+ = \begin{bmatrix} \max_t \max_i (x'_{i1}(t)), \\ \max_t \max_i (x'_{i2}(t)), \\ \cdots, \\ \max_t \max_i (x^i_{in}(t)) \end{bmatrix} \qquad S_- = \begin{bmatrix} \min_t \min_i (x'_{i1}(t)), \\ \min_t \min_i (x'_{i2}(t)), \\ \cdots, \\ \min_t \min_i (x'_{in}(t)) \end{bmatrix}$$

(三)改进的灰色关联度的计算

分别计算每个时刻的评价对象与正理想解和负理想解的灰色关联度 γ_i^+ 和 γ_i^-。由于原始数据已经经过无量纲化处理,以理想解为动态参考序

列,t 时刻的评价对象 i 的灰色关联度计算步骤如下。

1. 求两级最大差与最小差

$$M_t = \max_i \max_k \Delta_i(k), m_t = \min_i \min_k \Delta_i(k), (t = 1,2,\cdots,N) \quad (6\text{-}2)$$

其中,$\Delta_i(k) = |x'_{it}(k) - S(k)|, (k = 1,2,\cdots,n; i = 1,2,\cdots,m; t = 1,2,\cdots,N)$。

2. 求点关联系数

$$\gamma_{0i}(k) = \frac{m_t + \xi M_t}{\Delta_i(k) + \xi M_t}, (k = 1,2,\cdots,n; i = 1,2,\cdots,m; t = 1,2,\cdots,N)$$

$$(6\text{-}3)$$

其中,$\xi \in (0,1)$,为分辨系数,一般情况下取 $\xi = 0.5$。

3. 再求出各关联系数序列的均值

$$\overline{\gamma}_{0i} = \frac{1}{n}\sum_{k=1}^{n}\gamma_{0i}(k), (i = 1,2,\cdots,m) \quad (6\text{-}4)$$

4. 计算稳定度

$$S(\gamma_{0i}) = \sqrt{\frac{1}{n}\sum_{k=1}^{n}(\gamma_{0i}(k) - \overline{\gamma}_{0i})^2}, (i = 1,2,\cdots,m) \quad (6\text{-}5)$$

5. 求灰色相似关联度

$$\gamma_i^{+} = \frac{\overline{\gamma}_{0i}}{1 + S(\gamma_{0i})}, (i = 1,2,\cdots,m) \quad (6\text{-}6)$$

6. 计算三维灰色关联度向量

$$\alpha = (\gamma_1^{+}, \gamma_2^{+}, \cdots, \gamma_m^{+}), \beta = (\gamma_1^{-}, \gamma_2^{-}, \cdots, \gamma_m^{-}) \quad (6\text{-}7)$$

其中, $\gamma_i^{+} = \sum_t \lambda_t \gamma_i^{t+}$, $\gamma_i^{-} = \sum_t \lambda_t \gamma_i^{t-}$, λ_t 为时间权重 $(i = 1,2,\cdots,m; t = 1,2,\cdots,N)$

7. 计算序值并排序

$$D_i = \frac{\gamma_i^{+}}{\gamma_i^{+} + \gamma_i^{-}}, (i = 1,2,\cdots,m) \quad (6\text{-}8)$$

其中,D_i 越大,则评价对象越好。

三、基于"新经济"下城市的灰色动态综合评价模型

(一)三新经济介绍

三新经济(周霖等,2016)就是指以新产业、新业态、新商业模式为代表的新经济。三新经济主要包括三个方面:一是与传统行业相对应的,随着

市场需求变化,伴随工业化进程和信息技术与知识经济的持续发展,以现代知识、信息技术、先进管理手段和方法为依托而发展起来的产业部门,这些部门会提供高新产品,高科技含量的相关产业;二是生产与服务业正向相互渗透,并逐渐与其他领域相融合的产业形态;三是生产过程中与服务过程、交易过程、创新过程以及信息技术相结合的新模式。

(二)城市化发展理念

"'新经济'下城市"不是凭空产生的,它是由一步步的城市化发展而来的。单卓然和黄亚平(2013)认为"新型城市化"是以城乡居民的安居乐业、社会经济的绿色稳定发展为发展标准,提倡环保、发展、公正、诚信、友善、可持续发展的城市化。孙雪(2013)从四个角度对传统城镇化和新型城镇化进行了剖析,通过对城镇的发展目标、产业发展的状态、城镇间联系的紧密程度来逐步分析过去的城镇化发展和如今新型城镇化发展的差距。如今新型的城市化指标不单单放在了城市发展面积和城市数量上,而且着重看城市的发展潜力和文化内涵,看城市的发展结构、空间布局是否合理科学,强调城镇主体之间的完整体系建设。张占斌(2013)总结国内外有关城镇化理论的文献资料总结出新型城镇化有四大特点:统筹城乡一体化、人与自然和谐相处、城市区域产业经济布局科学合理、以人为本,推动城市可持续发展。

美国学者Florida(2002)提出创新型城市最关键的三点是:技术、人才和宽容。关于城市创新能力,Florida建立了包含创造性劳动力、科技、多样化等角度的创新力指数,得出了美国十大最具创新力的大都市排行榜。

综上所述,在新时期背景下,我国的新型城市化道路首先必须是一条城市可持续发展的道路,强调的是城市内涵的共同发展。可以理解为新型城市化是一个辩证统一的过程,在保证经济高速增长的同时,又要保证经济发展的质量。因此,本书将新型城市化定义为:以新型经济为主要动力,以统筹兼顾为原则,以全面、协调、可持续为基本要求,以社会和谐发展为目的,集约高效,环境友好,协调发展的城市化方式。

(三)城市发展层面

城市是人口、社会、经济、资源和技术等要素最为重要的空间载体,在任何国家的国民经济中,城市经济的地位都在不断升高,国民生产总值中的第二产业和第三产业增加值主要都是在城市中得以实现的。城市经济的高速增长对城市发展有很大的贡献。很多中小型企业蓬勃发展,提供了更多的工作岗位,增加了就业机会,既提高了居民收入又维护了社会稳定;

居民收入得到提升后,会促进经济技术的创新,从而促进社会进步;城市基础设施不断完善,提供了生活生产的硬性条件,大大提高了居民的生活水平。因此城市经济发展程度是评价一个城市实力的重要因素,其中包括经济总体和产业结构。

在这个经济高速发展的年代,城市的人文共建变得十分重要,它强调人文内涵的生态性构建,实现人与城市的和谐发展。《国家新型城镇化规划(2014—2020 年)》已经指出,"要顺应现代城市发展新理念新趋势,……增强历史文化魅力,全面提升城市内在品质"。余文华提到"人文精神是城市的内蕴,其内涵具有时代决定性";《马丘比丘宪章》的诞生,提出了人的相互作用与交往是城市存在的基本依据。强调在城市的设计和建设中,必须尊重传统,突出城市的个性,要从城市发展的文脉中去寻求设计依据。

城市的人文特色既指城市的外观,更指城市的精神内涵,直观反映一座城市的地理环境和精神风貌,间接显示出人文底蕴和历史渊源;城市的公共文化服务功能是指城市管理主体通过管理、服务等方式使公共文化的娱乐功能、宣传功能、引导功能和社会治理功能得以实现;城市多元文化是指在城市发展过程中,不同民族或地域的人们的行为模式、精神特征、风俗习惯的总体形态,是同质文化或异质文化间相互交融、兼收并蓄的社会文化共生状态;城市文化品位是城市的文化底蕴、文化品质以及由此衍生的文化辐射力的一种城市形态,它以高度凝练的方式,集聚了城市的优势资源和人文沉淀(李建华,刘刚,2014)。因此,在此层面上通过这四个角度来评价一座城市的人文共建水平。

在城市经济高度发展的前提下,居民收入大幅提高,因此对生活质量有了更高的要求,对绿色环境的需求日益增长。党的十八大报告首次把生态文明建设摆在突出地位,提出"经济建设、政治建设、文化建设、社会建设、生态文明建设"五位一体的总体布局。并将绿色发展独立成篇,指出要以绿色发展构建美丽中国,明确了要应对全球气候变化、挣脱日趋强化的资源环境约束、突破发展瓶颈、实现产业结构优化升级和经济发展方式的根本转变,就必须走绿色发展的道路。在这个层面上,必须推动新能源、新材料的利用,开发新技术,统筹节能减排、环境保护的全面发展,并提升能源利用率,实现整个城市的协调发展。

在绿色环境层面主要由生态和资源两方面进行综合评价。绿色生态是指以生态承载力来评价绿色环境质量,具体包括森林覆盖率、城市绿化覆盖率、人均公共绿地面积、空气质量优良率、集中饮用水源地水质达标率;绿色资源是指对资源的有效利用程度,包括生活资源、水资源和土地资源。

综上所述,本书将通过三个层次来评价一个城市的三新化——经济层面、社会层面以及环境层面。

(四)"新经济"下城市的综合评价指标体系构建

1．"新经济"下城市概念

所谓"'新经济'下城市",就是从经济层面、社会层面以及环境层面分别提出更高的要求,在每个层面上都有一些新的要求,从而使城市更健康、快速地发展。

在经济上,新型经济发展迅速,以新兴产业、新型业态、新的商业模式为代表的"三新经济"占主要发展地位,并且与以互联网、云计算、大数据为代表的新一代信息经济相结合(杨耿业,2016)。经济总体反映了新型城市的发展能力,包括 GDP 总量、财政收入、财政支出、固定资产投资总额、外商直接投资、人均 GDP;经济结构反映了新型城市的产业升级程度,包括第二产业产值、第三产业产值、信息产业增加值;经济创新反映了新型城市的科研创新能力,包括科研经费占比、专利申请量、专利授权量。

在社会上,城市法制化程度、居民生活安全感较高,公民的权利以及财产得到较好的保护。城市秩序运行良好,基层社会治安体系完善,生产安全得以保障。Mumford(1963)指出,未来城市建设的主要问题是如何把城市从"物质上的能量"转变成"精神上的能量"。"新经济"下城市要倡导保护、挖掘、融合、发展城市带有历史性的、民族性的、地域性的多元文化,并加强对城市文化遗产的保护与继承,突出城市文化个性和特色,同时要着力提升城市的文化品位,因为建设"新经济"下城市离不开符合城市特征的人文内涵延伸,而城市品位要用深厚的人文内涵做精神保障。在此层面上,"新"在城市对居民素养提高的重要性。人口结构反映了新型城市的居民数量变化,包括人口密度、城市人口增长率;生活水平反映了新型城市中居民的生活幸福感,包括人均住房面积、人均道路面积、人均可支配收入、人均消费支出;社会公共反映了新型城市的公共以及福利设施对居民生活的影响,包括万人拥有文化事业单位数、万人医院病床数、万人拥有公共汽车数、高等院校数。

在环境上,张小溪提出要改变传统城市"高消耗,高污染,高排放,低循环"的发展路径,倡导资源利用率的提高,绿色资源的开发,推动新能源、新材料的利用以降低城市运维成本。在宏观系统层面和微观要素层面体现循环再生,以此提高城市的绿色效率。倡导"以人为本"的主题,不仅强调环境友好,更要求提升人的高品质生活要求(张小溪、葛桦桦,2017)。因此

"新经济"下城市在人与自然的关系上要达到高度和谐,并且集生态良好、科技进步和人民幸福为一体。资源使用反映了新型城市对资源的利用程度和对新能源的开发程度,包括人均水资源量、人均公园绿地面积、建成区绿地覆盖率、新能源使用量占能源使用总量比重、每万元 GDP 耗电;环境治理反映了新型城市对城市环境污染的治理水平,包括生活及工业废弃物处理率、生活污水处理率。

2."新经济"下城市评价指标体系构建

表 6-1 "新经济"下城市评价指标体系

一级指标	二级指标	三级指标	指标性质
经济层面	经济总体	GDP 总量(亿元)	$X_1(+)$
		财政收入(亿元)	$X_2(+)$
		财政支出(亿元)	$X_3(+)$
		固定资产投资总额(亿元)	$X_4(+)$
		外商直接投资(百万美元)	$X_5(+)$
		人均 GDP(元)	$X_6(+)$
	经济结构	第二产业产值比重(%)	$X_7(+)$
		第三产业产值比重(%)	$X_8(+)$
	经济创新	科研经费占 GDP 比重(%)	$X_9(+)$
		万人专利申请量(项)	$X_{10}(+)$
		万人专利授权量(项)	$X_{11}(+)$
发展水平指标体系	社会层面	城市人口密度(人/平方千米)	$X_{12}(+)$
		城镇人口增长率(%)	$X_{13}(+)$
	生活水平	人均可支配收入(元)	$X_{14}(+)$
		人均消费支出(元)	$X_{15}(+)$
	社会公共	人均城市道路面积(平方米)	$X_{16}(+)$
		移动电话普及率(部/百人)	$X_{17}(+)$
		万人普通高校专任教师数(人)	$X_{18}(+)$
		人均拥有公共图书馆藏量(册)	$X_{19}(+)$
		万人拥有公交车数(标台)	$X_{20}(+)$
		万人医院病床数(张)	$X_{21}(+)$

一级指标	二级指标	三级指标	指标性质
发展水平指标体系	环境层面	人均水资源量（立方米）	X_{22}（＋）
	资源使用	人均公园绿地面积（平方米）	X_{23}（＋）
		建成区绿地覆盖率（％）	X_{24}（＋）
		人均城市天然气使用量（立方米）	X_{25}（＋）
		每万元 GDP 耗电（千瓦时）	X_{26}（－）
	环境治理	生活垃圾无害化处理能力（吨/日）	X_{27}（＋）
		生活污水处理率（万立方米）	X_{28}（＋）

（五）"新经济"下东部 11 省（市）发展水平的实证分析

1. 数据的来源和处理

在中国统计年鉴上选取我国东部 11 省（市）2014—2017 年相应指标数据，根据公式（6-1）进行处理。

2. 三维灰色关联模型的构建

运用新型三维灰色关联模型对东部 11 省（市）的发展水平进行评价，先构造全局的正理想解和负理想解，即动态参考序列为 $S_+ = (1,1,\cdots,1)$，$S_- = (0,0,\cdots,0)$。两极的最大差 $M_t = 1$，最小差 $m_t = 0$。然后根据公式（6-3）求得各个时刻的点关联系数，其中 $\xi = 0.5$。再分别根据公式（6-4）和公式（6-5）求出各关联系数序列的均值和稳定度。接着根据公式（6-6）计算得到各时段评价对象与正理想解和负理想解的灰色关联度矩阵列于表 6-2 和表 6-3。

表 6-2　各时段评价对象与正理想解的灰色关联度矩阵

年份	北京市	天津市	河北省	辽宁省	上海市	江苏省	浙江省	福建省	山东省	广东省	海南省
2017	0.51	0.43	0.40	0.38	0.47	0.50	0.47	0.43	0.45	0.52	0.37
2016	0.50	0.43	0.38	0.38	0.45	0.49	0.46	0.41	0.44	0.49	0.36
2015	0.49	0.42	0.38	0.39	0.44	0.47	0.45	0.40	0.43	0.47	0.36
2014	0.47	0.41	0.37	0.39	0.43	0.46	0.43	0.39	0.42	0.45	0.36

表 6-3 各时段评价对象与负理想解的灰色关联度矩阵

年份	北京市	天津市	河北省	辽宁省	上海市	江苏省	浙江省	福建省	山东省	广东省	海南省
2017	0.44	0.51	0.57	0.59	0.47	0.43	0.47	0.52	0.49	0.42	0.64
2016	0.45	0.52	0.59	0.61	0.48	0.45	0.48	0.53	0.50	0.44	0.65
2015	0.45	0.53	0.60	0.59	0.50	0.46	0.49	0.55	0.52	0.46	0.68
2014	0.47	0.54	0.62	0.59	0.51	0.48	0.51	0.57	0.53	0.48	0.67

由公式(6-8)，这里的 λ_l 按照距离现在年代近的给予较大权重，反之，距离现在年代远的给予较小权重的原则，将 λ_l 分别设为 0.1、0.2、0.3、0.4，即可算得三维灰色关联度向量为

$$\alpha = (0.50, 0.42, 0.39, 0.38, 0.45, 0.49, 0.46, 0.41, 0.44, 0.49, 0.36)$$

$$\beta = (0.45, 0.52, 0.59, 0.60, 0.48, 0.45, 0.48, 0.54, 0.50, 0.44, 0.66)。$$

最后由公式(6-8)，计算得东部 11 省(市)发展水平 D 值及其排序如表 6-4 所示。

表 6-4 2014—2017 年我国东部地区 11 省(市)发展水平得分与排序

	北京市	天津市	河北省	辽宁省	上海市	江苏省	浙江省	福建省	山东省	广东省	海南省
D 值	0.5284	0.4485	0.3973	0.3921	0.4851	0.5226	0.4898	0.4362	0.4657	0.5273	0.3562
排序	1	7	9	10	5	3	4	8	6	2	11

在表 6-4 中，D 值最大值与最小值之极差为 0.1722，其区间上下界可取为 $[0.350, 0.550]$。由 D 值柱状图 6-1 可知，将区间长度一分为三，并根据实际略加调整，大致可划分如下 3 类：$D > 0.480$ 为优秀类，则有北京、广东、江苏、浙江和上海 5 个省(市)；$0.420 \leqslant D \leqslant 0.480$ 为良好类，则有山东、天津和福建 3 个省(市)；$D < 0.420$ 为较差一类，则有河北、辽宁和海南 3 省。

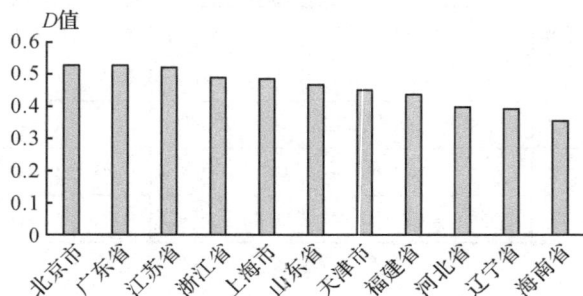

图 6-1 2014—2017 年我国东部地区 11 省(市)发展水平 D 值柱状图

第二节 基于自组织神经网络的灰色动态综合评价模型研究

一、自组织神经网络介绍

BP 神经网络即基于误差反向传播算法的多层前馈神经网络,作为人工神经网络的一种,能够很好地模拟输入变量与输出变量之间的非线性关系。它包括输入信号的正向传播和误差信号的反向传播两个过程,首先输入样本从输入层开始,经过隐藏层到输出层,与期望输出进行比较产生误差信号;然后依据误差信号,先对输出层与隐藏层之间的权重和阈值做出调整,再对隐藏层与输入层的所有权重和阈值进行修正,这个误差反向传播过程用到的优化算法即为梯度下降法。这两个过程依次不断进行,直到网络输出的误差减小到可接受的程度或者迭代次数达到预先设定的次数,BP 神经网络才算训练完成。其基本结构见图 6-2。

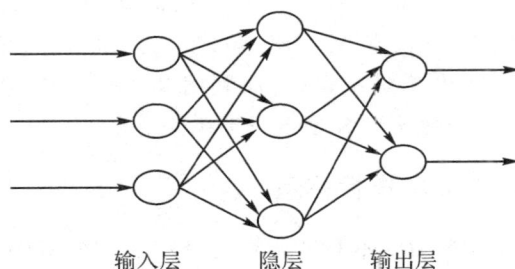

输入层　　　隐层　　　输出层

图 6-2　神经网络基本结构图

在对人类的神经系统及脑的研究中发现,大脑是由大量协同作用的神经元群体组成的,大脑的神经网络是一个十分复杂的反馈系统,在处理信息的过程中,聚类是非常重要的功能,且这类神经元所具有的特性并不是完全来自生物遗传,而是在很大程度上依赖于后天的学习过程。自组织神经网络的无导师学习方式,类似人类大脑的生物神经网络的学习,其重点在于通过自动寻找样本中的内在规律以及本质属性,自组织、自适应地改变网络参数和结构。

自组织神经网络的算法包含以下三个主要步骤。

1.BP 网络模型的结构设计

BP 神经网络结构的设计包括对网络层数、各层节点数、连接方式和学习规则的规定,主要包括如下几步:(1)输入层;(2)隐藏层;(3)输出层;(4)连接方式;(5)学习规则。

2.BP 网络参数的确定

主要包括如下几步:(1)激活函数的选取;(2)代价函数的选取;(3)初始权重和阈值的赋值;(4)其他参数的确定。

3.BP 网络模型的训练与验证

主要包括如下几步:(1)试凑关键参数;(2)模型训练结果。

二、基于自组织神经系统的浙江各地智力资本灰色动态综合评价

随着经济全球化进程加快,国际竞争加剧,各国对智力资本的积累越来越重视,所以科学地测量和评价智力资本显得尤为重要。本书结合当前国内外区域智力资本研究现状,从人力资本、结构资本、关系资本、创新资本四个方面出发构建浙江省的城市智力资本综合评价指标体系,以 2016—2018 年浙江省 11 个地级市的相关数据为基础,运用极差标准化法和灰色关联算法,计算评价指标权重、智力资本水平期望值,结果显示人力资本和创新资本对智力资本影响最重要;进而利用 2016—2017 年的相关数据对构建完成的 BP 神经网络评价模型进行训练。

(一)区域智力资本指标体系

在国内外对企业智力资本和区域智力资本研究的基础上,本书从城市人力资本、关系资本、结构资本、创新资本四个方面对评价指标体系进行构建。具体见表 6-5。

1.城市人力资本

城市人力资本是构成智力资本的基础,而人力资本的研究对象通常是劳动者,所以该部分从教育水平、医疗水平和社会保障水平三个方面对劳动者的相关素质进行描述,进而对人力资本进行综合评价。

(1)教育水平:城市教育水平的高低会对该地区劳动者的文化水平产生影响,所以本书选择人均财政教育支出(元)、万人普通高校专任教师数(个/万人)、万人普通高校在校学生数(个/万人)这三个三级指标来体现地区的教育水平。

（2）医疗水平：城市的医疗水平会直接影响到该地劳动者的健康水平，一般医疗水平高、医疗资源丰富的城市，劳动者的健康水平也相对更好。该部分选取人均财政医疗卫生支出（元）、每万人拥有医生数（个/万人）、每万人拥有医院床位数（个/万人）三个具体指标。

（3）社会保障水平：一个城市社会保障水平的高低将直接影响该地区劳动者整体的幸福感与安全感。比如社会保障完善的城市往往更能吸引外来的高素质就业者，从而会进一步提高该地区的人力资本。所以考虑选用四个三级指标来衡量：社会保障和就业支出占 GDP 比重（%）；年末参加养老保险人数占总人口比重（%）；年末参加医疗保险人数占总人口比重（%）；年末参加失业保险人数占总人口比重（%）。

2. 城市关系资本

城市关系资本包括一个城市内部的人员、资本、科技、经贸关系，以及该城市与其他城市和国际社会的多方位联系。所以本书以国际经贸、国内经贸、人员往来三个二级指标来对该部分进行解构。

（1）国际经贸：该部分采用外商直接投资合同项目（个）、进口额占 GDP 比重（%）、出口额占 GDP 比重（%）、实际使用外资额占 GDP 比重（%）四个三级指标。

（2）国内经贸：本书选取限额以上批发零售企业数（个）、社会消费品零售总额占 GDP 比重（%）来衡量。

（3）人员往来：通过入境游客（含一日游游客）（人次）、国内旅游收入占GDP 比重（%）进行评估。

3. 城市结构资本

城市结构资本是指该地区为更好地提高城市人力资本、关系资本的水平而制定的一系列制度、体制，以及营造的适合人力、关系资本发展的社会环境，其中具体包括各种软硬件支持、相关政策扶持等，对前两个资本起着重要的支撑作用。所以该部分指标由产业结构、政府效能、信息流通三部分组成。

（1）产业结构：不同的产业结构背后必定存在不同的政策支持，所以通过产业结构可以揭示各个城市的相关制度差异。选取第二产业产值比重（%）、第三产业产值比重（%）两个指标。

（2）政府效能：政府的效能强弱直接对关系资本的提升产生重要影响。具体指标包括：财政收入占比（%）；财政支出占比（%）；规模以上工业企业使用来自政府部门的研发资金（万元）。

（3）信息流通：社会信息的流通与城市关系资本直接相关。本书选取百人移动电话数(个/百人)、百人互联网接入数(个/百人)、固定电话年末用户数(万户)三个指标。

4.城市创新资本

城市创新资本是其智力资本的核心部分,它反映一个城市的创新能力以及所拥有的创新成果。本部分从创新投入、创新成果、创新人员三个维度构建评价指标体系。

(1)创新投入:一个城市的创新投入是其创新资本的基础环节,对创新资本的发展起着十分重要的作用。本书从以下四个三级指标来对其进行评价:科技支出占 GDP 比重(%);规模以上工业企业 R&D 经费支出(万元);高技术产业企业 R&D 经费支出(万元);高技术产业企业新产品开发经费支出(万元)。

(2)创新成果:创新成果用来衡量城市的创新产出能力和效率。选取专利授权数(个);规模以上工业企业有效发明专利数(件);高技术产业企业有效发明专利数(件);高技术产业企业新产品产值(万元)。

(3)创新人员:创新人员作为创新资本中最重要的资产,其重要性可见一斑。以规模以上工业企业 R&D 人员折合全时当量(人年);高技术产业企业 R&D 人员折合全时当量(人年)来衡量。

表 6-5　城市智力资本综合评价指标体系

一级指标	二级指标	三级指标
城市人力资本	教育水平	X_1 人均财政教育支出(元)
		X_2 万人普通高校专任教师数(个/万人)
		X_3 万人普通高校在校学生数(个/万人)
	医疗水平	X_4 人均财政医疗卫生支出(元)
		X_5 每万人拥有医生数(个/万人)
		X_6 每万人拥有医院床位数(张/万人)
	社会保障	X_7 社会保障和就业支出占 GDP 比重(%)
		X_8 年末参加养老保险人数占总人口比重(%)
		X_9 年末参加医疗保险人数占总人口比重(%)
		X_{10} 年末参加失业保险人数占总人口比重(%)

一级指标	二级指标	三级指标
城市结构资本	产业结构	X_{11} 第二产业产值比重（%）
		X_{12} 第三产业产值比重（%）
	政府效能	X_{13} 财政收入占 GDP 比重（%）
		X_{14} 财政支出占 GDP 比重（%）
		X_{15} 规模以上工业企业使用来自政府部门的研发资金（万元）
	信息流通	X_{16} 百人移动电话数（个/百人）
		X_{17} 百人互联网接入数（个/百人）
		X_{18} 固定电话年末用户数（万户）
城市关系资本	国际经贸	X_{19} 外商直接投资合同项目（个）
		X_{20} 进口额占 GDP 比重（%）
		X_{21} 出口额占 GDP 比重（%）
		X_{22} 实际使用外资额占 GDP 比重（%）
	国内经贸	X_{23} 限额以上批发零售企业数（法人数）（个）
		X_{24} 社会消费品零售总额占 GDP 比重（%）
	人员往来	X_{25} 入境游客（含一日游游客）（人次）
		X_{26} 国内旅游收入占 GDP 比重（%）
城市创新资本	创新投入	X_{27} 科技支出占 GDP 比重（%）
		X_{28} 规模以上工业企业 R&D 经费支出（万元）
		X_{29} 高技术产业企业 R&D 经费支出（万元）
		X_{30} 高技术产业企业新产品开发经费支出（万元）
	创新成果	X_{31} 专利授权数（个）
		X_{32} 规模以上工业企业有效发明专利数（件）
		X_{33} 高技术产业企业有效发明专利数（件）
		X_{34} 高技术产业企业新产品产值（万元）
	创新人员	X_{35} 规模以上工业企业 R&D 人员折合全时当量（人年）
		X_{36} 高技术产业企业 R&D 人员折合全时当量（人年）

（二）数据来源

BP 神经网络模型的构建需要训练集数据进行训练，还要通过测试集数据对训练出来的模型进行检验。本书根据第三章中构建的评价指标体系，从近三年的《浙江省统计年鉴》《浙江科技统计年鉴》和 11 个地级市的统计年鉴中搜集到 50 余个与表 6-1 中具体评价指标相关的原始指标，通过对原始指标数据的加工计算才最终得到 2016—2018 年浙江省 11 个地级市的上述 36 个具体评价指标的相关数据，为方便查看与书写，将评价指标依次记为 $X_1, X_2, \cdots, X_{36}$，将研究对象依次记为 $S_1, S_2, \cdots, S_{33}$，见附录 1。将 2016、2017 两年 11 个地级市的相关数据作为模型的训练集，2018 年的相关数据作为测试集。

（三）数据处理

BP 神经网络在训练时，不仅需要输入变量，还需要输出变量的期望值，本书将 36 个评价指标作为变量代入神经网络模型的输入层，但是输出层的变量缺少期望的输出值，在综合考虑下选择灰色关联算法确定智力资本评价指标体系中各指标的权重，继而加权求得各个地级市的智力资本水平值作为 BP 神经网络输出层的期望输出。

1. 无量纲归一化

由于本书选取的具体指标既有绝对指标，又有相对指标和平均指标，各个指标数值之间的差异较大，而且指标之间的量纲和经济含义也各不相同，所以需要对其进行无量纲化处理，将指标数值的范围包含在 0 到 1 之间，为后续的灰色关联分析与 BP 神经网络的构建做准备。这里选择极差标准化的方法式（6-9）对研究使用的数据进行处理，归一化后的结果见表 6-8。

$$a_{ik} = \frac{x_{ik} - \min(x_i)}{\max(x_i) - \min(x_i)} \quad i = 1, 2, \cdots, 36 \quad k = 1, 2, \cdots, 33 \quad (6\text{-}9)$$

其中：i 表示变量数；k 表示样本数；x_{ik} 表示第 k 个样本中第 i 个变量的原始值；a_{ik} 表示第 k 个样本中第 i 个变量的标准值。

表 6-6　2016—2018 年浙江省各地智力资本评价指标标准化值表

K	X_1	X_2	X_3	X_4	$\cdots$	X_{34}	X_{35}	X_{36}
S_1	0.5928	1.0000	1.0000	0.2609	$\cdots$	0.6547	0.8558	0.9460
S_2	0.5644	0.2749	0.3043	0.4812	$\cdots$	0.1661	0.9562	0.3461

K	X_1	X_2	X_3	X_4	$\cdots$	X_{34}	X_{35}	X_{36}
S_3	0	0.1028	0.0772	0.0283	$\cdots$	0.0234	0.4630	0.1355
S_4	0.2182	0.0853	0.1260	0.0185	$\cdots$	0.0484	0.3772	0.1514
$\cdots$	$\cdots$	$\cdots$	$\cdots$	$\cdots$	$\cdots$	$\cdots$	$\cdots$	$\cdots$
S_{30}	0.3317	0.0208	0.0378	0.6690	$\cdots$	0.0070	0.0290	0.0140
S_{31}	0.8438	0.2897	0.2827	0.9023	$\cdots$	0.0023	0.0000	0.0007
S_{32}	1.0000	0.0877	0.0864	1.0000	$\cdots$	0.1465	0.3427	0.1720
S_{33}	0.2648	0.0050	0.0027	0.1133	$\cdots$	0.0063	0.0220	0.4500

2. 灰色关联分析

（1）灰色关联算法的基本原理。

灰色关联算法是灰色系统理论的一种具体应用，它是根据系统内已知部分的信息去推断未知部分的信息，采用客观的计算方法测量系统内各个因素之间的相关性。其实质是研究各个待评价对象与理想对象的接近程度。

（2）灰色关联算法的适用性。

智力资本发展水平作为本书的评价对象，就是一个"灰色系统"，其中影响智力资本的各因素的数值是已知的，但是智力资本的水平值、各个因素内部的关系以及各个因素与智力资本的关系是未知的；而且 2016—2018 三年中 11 个地级市智力资本水平的变化是一个动态的过程，符合该算法的使用条件，所以可以用该算法确定该系统的内部关系，寻求系统的变化规律。

（3）灰色关联算法的运算步骤。

本书通过灰色关联算法计算 36 个指标在评价体系中各自针对智力资本的权重，并通过与具体指标标准化值的加权求和得到 3 年中 11 个地级市的智力资本水平值。

a. 构造参考数列与比较数列

将各个指标所能达到的最大值作为参考数列 X_0 的理想值，记 $X_0 = (x_0(1), x_0(2), \cdots, x_0(k), \cdots, x_0(33))$；并将 X_1、X_2、$\cdots$、X_{36} 作为比较数列，记 $X_i = (x_i(1), x_i(2), \cdots, x_i(k), \cdots, x_i(33))$ $i = 1, 2, \cdots, 36$。具体数值见表 6-7。

表 6-7　参考数列与比较数列表

K	X_0	X_1	X_2	X_3	$\cdots$	X_{34}	X_{35}	X_{36}
S_1	1	0.5928	1	1	$\cdots$	0.6547	0.8558	0.9460
S_2	0.9965	0.5644	0.2749	0.3043	$\cdots$	0.1661	0.9562	0.3461
S_3	0.9545	0	0.1028	0.0772	$\cdots$	0.0234	0.4630	0.1355
S_4	1	0.2182	0.0853	0.1260	$\cdots$	0.0484	0.3772	0.1514
$\cdots$	$\cdots$	$\cdots$	$\cdots$	$\cdots$	$\cdots$	$\cdots$	$\cdots$	$\cdots$
S_{30}	1	0.3317	0.0208	0.0378	$\cdots$	0.0070	0.0290	0.0140
S_{31}	1	0.8438	0.2897	0.2827	$\cdots$	0.0023	0	0.0007
S_{32}	1	1	0.0877	0.0864	$\cdots$	0.1465	0.3427	0.1720
S_{33}	1	0.2648	0.0050	0.0027	$\cdots$	0.0063	0.0220	0.0045

b.计算差序列与两级差

在无量纲归一化数据的基础上,根据公式分别计算 36 个比较数列与参考数列的绝对差值数列,具体结果见表 6-8。

$$\Delta_i(k) = \left| x_0(k) - x_i(k) \right| \quad i = 1,2,\cdots,36 \quad k = 1,2,\cdots,33 \quad (6\text{-}10)$$

其中,$x_0(k)$ 表示参考数列的第 k 个值;$x_i(k)$ 表示第 i 个比较数列的第 k 个值;$\Delta_i(k)$ 表示参考数列与第 i 个比较数列中第 k 个样本差值的绝对值。

表 6-8　绝对差值表

K	$\Delta_1(k)$	$\Delta_2(k)$	$\Delta_3(k)$	$\cdots$	$\Delta_{34}(k)$	$\Delta_{35}(k)$	$\Delta_{36}(k)$
1	0.4072	0	0	$\cdots$	0.3453	0.1442	0.0540
2	0.4320	0.7216	0.6922	$\cdots$	0.8303	0.0403	0.6503
3	0.9545	0.8517	0.8774	$\cdots$	0.9311	0.4915	0.8190
4	0.7818	0.9147	0.8740	$\cdots$	0.9516	0.6228	0.8486
$\cdots$	$\cdots$	$\cdots$	$\cdots$	$\cdots$	$\cdots$	$\cdots$	$\cdots$
30	0.6683	0.9792	0.9622	$\cdots$	0.9930	0.9710	0.9860
31	0.1562	0.7103	0.7173	$\cdots$	0.9977	1	0.9993
32	0	0.9123	0.9136	$\cdots$	0.8535	0.6573	0.8280
33	0.7352	0.9950	0.9973	$\cdots$	0.9937	0.9780	0.9955

进而根据公式计算两级最大差、两级最小差,得到 $M=1, m=0$。

$$M = \max_i \left[\max_k \left[\Delta_i(k) \right] \right] \quad i = 1,2,\cdots,36 \quad k = 1,2,\cdots,33 \quad (6\text{-}11)$$

$$m = \min_i \left[\min_k \left[\Delta_i(k) \right] \right] \quad i = 1,2,\cdots,36 \quad k = 1,2,\cdots,33$$

$$(6\text{-}12)$$

c. 计算关联系数矩阵

分别将 36 个绝对差序列中的数据代入灰色关联系数公式，算得相应的关联系数。

$$\xi(k) = \frac{m + \rho M}{\Delta_i(k) + \rho M} \quad i = 1,2,\cdots,36 \quad k = 1,2,\cdots,33 \quad (6\text{-}13)$$

经计算得到的关联系数矩阵见表 6-9。

表 6-9　指标灰色关联系数表

K	$\xi_1(k)$	$\xi_2(k)$	$\xi_3(k)$	$\cdots$	$\xi_{34}(k)$	$\xi_{35}(k)$	$\xi_{36}(k)$
S_1	0.551167	1	1	$\cdots$	0.591523	0.776189	0.902578
S_2	0.536464	0.409301	0.419396	$\cdots$	0.375846	0.92546	0.434658
S_3	0.343754	0.369903	0.363014	$\cdots$	0.349373	0.504268	0.379078
S_4	0.390066	0.353429	0.363914	$\cdots$	0.344443	0.445303	0.370757
$\cdots$	$\cdots$	$\cdots$	$\cdots$	$\cdots$	$\cdots$	$\cdots$	$\cdots$
S_{30}	0.427983	0.338018	0.34195	$\cdots$	0.334887	0.339902	0.336478
S_{31}	0.761932	0.413107	0.410729	$\cdots$	0.333841	0.333333	0.333498
S_{32}	1	0.354029	0.353716	$\cdots$	0.369415	0.432028	0.376507
S_{33}	0.404779	0.334445	0.333933	$\cdots$	0.334734	0.338295	0.334345

d. 计算灰色关联度

在第三步的基础上，分别计算 36 个关联系数序列的平均数，即为各个评价指标的灰色关联度，具体数值见表 6-10。

$$\gamma_i = \frac{1}{33} \sum_{k=1}^{33} \xi_i(k) \quad i = 1,2,\cdots,36 \quad k = 1,2,\cdots,33 \quad (6\text{-}14)$$

表 6-10　灰色关联度表

γ_1	0.53391926	γ_{13}	0.51310611	γ_{25}	0.46262528
γ_2	0.45215077	γ_{14}	0.49232577	γ_{26}	0.47332832
γ_3	0.44738125	γ_{15}	0.42593716	γ_{27}	0.60562011

γ_4	0.53414865	γ_{16}	0.60482911	γ_{28}	0.50023756
γ_5	0.46375461	γ_{17}	0.42984787	γ_{29}	0.42564847
γ_6	0.48173214	γ_{18}	0.51638759	γ_{30}	0.42498138
γ_7	0.50142965	γ_{19}	0.46661889	γ_{31}	0.55937209
γ_8	0.52203651	γ_{20}	0.47282285	γ_{32}	0.43481833
γ_9	0.52904833	γ_{21}	0.44171578	γ_{33}	0.45210946
γ_{10}	0.49932347	γ_{22}	0.52578112	γ_{34}	0.41697793
γ_{11}	0.72095449	γ_{23}	0.50532479	γ_{35}	0.52833823
γ_{12}	0.49620278	γ_{24}	0.60720279	γ_{36}	0.44606845

e. 计算指标权重

根据 36 个指标的灰色关联度和公式 6-13 计算指标的权重,见表 6-11。

$$w_i = \frac{\gamma_i}{\sum\limits_{i=1}^{36}\gamma_i} \quad i = 1, 2, \cdots, 36 \quad k = 1, 2, \cdots, 33 \quad (6\text{-}15)$$

表 6-11　各级指标权重表

一级指标	二级指标	三级指标	权重(%)
城市人力资本 (27.72)	教育水平 (8.00)	X_1 人均财政教育支出	2.98
		X_2 万人普通高校专任教师数	2.52
		X_3 万人普通高校在校学生数	2.50
	医疗水平 (8.26)	X_4 人均财政医疗卫生支出	2.98
		X_5 每万人拥有医生数	2.59
		X_6 每万人拥有医院床位数	2.69
	社会保障 (11.45)	X_7 社会保障和就业支出占 GDP 比重	2.80
		X_8 年末参加养老保险人数占总人口比重	2.91
		X_9 年末参加医疗保险人数占总人口比重	2.95
		X_{10} 年末参加失业保险人数占总人口比重	2.79
城市结构资本 (23.44)	产业结构 (6.79)	X_{11} 第二产业产值比重	4.02
		X_{12} 第三产业产值比重	2.77

续　表

一级指标	二级指标	三级指标	权重(%)
城市结构资本 (23.44)	政府效能 (7.99)	X_{13} 财政收入占 GDP 比重	2.86
		X_{14} 财政支出占 GDP 比重	2.75
		X_{15} 规模以上工业企业使用来自政府部门的研发资金	2.38
	信息流通 (8.66)	X_{16} 百人移动电话数	3.38
		X_{17} 百人互联网接入数	2.40
		X_{18} 固定电话年末用户数	2.88
城市关系资本 (22.08)	国际经贸 (10.64)	X_{19} 外商直接投资合同项目	2.60
		X_{20} 进口额占 GDP 比重	2.64
		X_{21} 出口额占 GDP 比重	2.47
		X_{22} 实际使用外资额占 GDP 比重	2.94
	国内经贸 (6.21)	X_{23} 限额以上批发零售企业数	2.82
		X_{24} 社会消费品零售总额占 GDP 比重	3.39
	人员往来 (5.22)	X_{25} 入境游客(含一日游游客)	2.58
		X_{26} 国内旅游收入占 GDP 比重	2.64
城市创新资本 (26.76)	创新投入 (10.92)	X_{27} 科技支出占 GDP 比重	3.38
		X_{28} 规模以上工业企业 R&D 经费支出	2.79
		X_{29} 高技术产业企业 R&D 经费支出	2.38
		X_{30} 高技术产业企业新产品开发经费支出	2.37
	创新成果 (10.40)	X_{31} 专利授权数	3.12
		X_{32} 规模以上工业企业有效发明专利数	2.43
		X_{33} 高技术产业企业有效发明专利数	2.52
		X_{34} 高技术产业企业新产品产值	2.33
	创新人员 (5.44)	X_{35} 规模以上工业企业 R&D 人员折合全时当量	2.95
		X_{36} 高技术产业企业 R&D 人员折合全时当量	2.49

从表 6-11 中可以看出,在城市智力资本评价系统内,人力、结构、关系、创新资本四个方面所占比重依次为 27.72%、23.44%、22.08%、26.76%,其中人力资本对智力资本水平的影响最大,其次是创新资本,而且两者相差不大,影响最小的是关系资本,原因是人力资本是整个系统的基础,创新资本是系统的核心,与关系资本相比,前两者的作用确实更加重要。

在二级指标中,占比靠前的分别是社会保障(11.45%)、国际经贸(10.64%)、创新投入(10.92%)、创新成果(10.40%),说明这四者对智力资本水平的影响尤为显著,要想高效地提高智力资本价值水平,必须首先从这四方面考虑和改变。

6.计算期望输出

根据第 5 步得到的各指标权重,进行简单加权,计算 2016—2018 三年 11 个地级市的智力资本的水平值,作为 BP 神经网络的期望输出,具体结果见表 6-12。

$$y_k = \sum_{i=1}^{36} a_{ik} w_i \quad i = 1, 2, \cdots, 36 \quad k = 1, 2, \cdots, 33 \tag{6-16}$$

表 6-12 2016—2018 年浙江省各地智力资本水平表

地级市	浙江省各地智力资本水平								
	2016			2017			2018		
	水平值	等级	排名	水平值	等级	排名	水平值	等级	排名
杭州市	0.672268	优	1	0.696684	优	1	0.755398	优	1
宁波市	0.493313	优	2	0.499336	优	2	0.514736	优	2
温州市	0.193947	及格	9	0.240008	良	9	0.232180	良	9
嘉兴市	0.283745	良	3	0.292100	良	3	0.310768	良	3
湖州市	0.237731	良	8	0.243699	良	8	0.280478	良	8
绍兴市	0.253337	良	5	0.268318	良	4	0.297745	良	5
金华市	0.243381	良	7	0.267470	良	5	0.306654	良	4
衢州市	0.183129	及格	10	0.187082	及格	10	0.226485	良	10
舟山市	0.267442	良	4	0.260394	良	6	0.295284	良	6
台州市	0.247115	良	6	0.259668	良	7	0.293002	良	7
丽水市	0.142060	及格	11	0.179652	及格	11	0.185285	及格	11
汇总	3.217468	—	—	3.394412	—	—	3.698015	—	—

将各地级市智力资本的水平值 ≥ 0.4 的城市的等级定为优,0.2 ≤ 水

平值＜0.4 的等级定为良,水平值＜0.2 的等级定为及格。

2016 年有 2 个城市属于优,3 个城市属于及格,6 个城市属于良;2017 年有 2 个城市属于优,2 个城市属于及格,7 个城市属于良;2018 年有 2 个城市属于优,1 个城市属于及格,8 个城市属于良。

近三年,浙江省整体的智力资本水平呈上升趋势,2017 年增长 5.5%,2018 年增长 8.94%,2018 年的增幅大于 2017 年,说明浙江省整体智力资本的发展非常迅猛。浙江 11 个地级市的智力资本水平也都稳步增长,其中杭州市的智力水平远远高于其他城市,处于独一档的水准;宁波市虽然与杭州市相差较大,但比起其余城市,优势仍然很大,连续三年位居第二;嘉兴是等级良之中智力资本发展最好的城市,整体连续三年排名第三;而丽水市的情况则相反,虽然自身智力资本得到了较大的提升,但是由于自身基础落后,其一直处于倒数第一;衢州市连续三年倒数第二,但是经过 2018 年的快速发展,其等级从及格上升为良;除此之外金华市的排名一直在上升,从 2016 年的第七上升为 2018 年的第四;台州和舟山则在 2017 年倒退了一名。

第七章 总结与展望

第一节 总 结

函数型数据是以函数为表现形式的一种数据，它最大的特征是数据具有函数性。在目前的数据分析和处理过程中，如果观测点十分密集，这些数据在数据空间中就会呈现出一种函数型的特征。传统的综合评价，数据都是以点值的形式来呈现的。但由于评价方法的特性，不同的方法对数据结构、评价模型均有不同的要求和规定。如何针对函数型数据形式开展综合评价活动，便成了我们要研究的重要问题。

本书的目的是将综合评价中的传统数据形式扩展为函数形式，发展基于函数信息的评价技术和方法。这种基于函数信息的评价技术有着广泛的应用领域和应用前景：一方面，从数据采集工作的实际情况看，函数形式的数据表达格式更加符合综合评价的实际情况；另一方面，综合评价反映的是一个价值判断的认识过程，因此对于一个综合评价体系而言，在许多场合给出一个函数方式表达的评价结果比提供一个点值的评价结果更令人信服，更易于令人接受。最后，基于函数型数据下的综合评价方法比传统的评价方法优势更加明显，可以更深入研究评价对象的发展规律，能更好地揭示数据的内在结构。

主要研究结论如下：

（1）提出了函数型数据综合评价的定义，描述了评价指标的函数型数据生成过程。

（2）详细地研究了在函数型数据综合评价问题中，当指标数据为连续状态时，函数型数据形式下的权数获取问题。在"纵横向"拉开档次法的基础上提出一种基于函数型指标数据的"全局"拉开档次法。使用 Matlab 软件，利用内点算法，得出各个指标在一段时期的权数。研究了多元函数型主成分分析，并提出了基于重要性加权的多元函数型主成分评价方法。最后，提出评价函数的排序方法，并将函数型主成分分析用于综合评价结果的排序之中,并对综合评价结果的分析给出自己的一些看法。

(3)基于目前研究普遍侧重于独立研究,基于数值距离的相似性测度方法和曲线形态的相似性测度方法,课题组认为两者对于函数型数据的相似性度量都十分重要,因此提出一种新的相似性度量方法,基于曲线极值点偏移补偿的相似性度量方法。通过实证发现,这种度量方法相比基于数值距离的相似性度量方法,在最终得到的类别中,确实达到了同时测度函数型数据的数值距离与曲线形态的效果,这为函数型聚类分析领域提供了一种有实际应用价值的方法,为函数型综合评价方法提供了一种扩展方法。

(4)对单指标的函数型数据聚类进行了一定的多指标扩展,指出了多指标函数型聚类的本质在于函数型数据的多指标综合。进一步,课题组将离散数据的多指标综合的熵值法拓展至函数型,并通过实证体现了多指标函数型聚类相比离散聚类的优势。此方法也为函数型综合评价方法提供了一种扩展方法。

(5)本书提出了基于自组织神经的动态综合评价模型,并将其应用于全国各地智力资本的动态综合评价的模型研究中。本书提出了基于灰色关联度的动态综合评价方法,并应用于全国长三角地区"新经济"研究中。为动态综合评价方法在其他领域的创新做了扩展研究。

第二节　不足与展望

本书主要是提供了动态综合评级方法的一些扩展思路,主要是函数型数据下的综合评价过程。从离散的指标取值转化为函数,基于指标函数得出权数,然后将指标函数加权得到评价函数,最后将评价函数转化为一个评价值。整个过程通过 Matlab 编程得以实现,这使得整个评价过程模式化,有利于综合评价的实践者进行具体的综合评价活动。对函数型主成分分析、函数型聚类分析方法做了一些新的扩展研究,为函数型综合评价提供了一些思路。

当然,函数型数据下的综合评价问题并不局限于上述研究内容,具体如下:

(1)基于函数型多元统计方法的集成,本书从函数型多元统计分析方法的角度出发,直接将多元函数指标数据"压缩"成我们需要的评价函数。这里主要讨论多元函数型主成分分析方法(MFPCA)在综合评价中的应用。首先将函数型主成分分析(FPCA)进行多元函数型主成分分析的研究,然后定义主成分得分函数(一般取第一主成分)并将其用到综合评价中,生成我们需要的评价模型。但是第一主成分只在几何位置分布上,是使数据离差最大的方向,但从评价本身的意义来看,并不一定是系统最重要的特征方向,所以可以考虑基于重要性加权的多元函数型主成分分析用于综合评价中,所以基于重要性加权的多元函数型主成分分析的公式推导和程序编写是该部分进一步研究的问题。

(2)综合评价的最终目的是排序或分类,所以多元函数型聚类分析可以用于函数型数据下的综合评价的集成,多元聚类分析在动态综合评价中的应用鲜少有人研究,所以这对于本书是一个巨大的挑战。从公式的推导、程序编写以及聚类结果的综合评价解读都是未来需要解决的问题。第一,课题组提出的方法虽然能够达到同时测度函数型数据数值距离和曲线形态的目的,但是计算复杂度相比于传统的相似性测度方法要高不少,课题组使用多进程和多线程对所编辑的 python 代码进行一定的速度提升,但耗时仍然不低,因此需要对此进行进一步优化。第二,课题组是从目前函数型聚类分析研究中主要关注的相似性度量出发进行的方法改进,这也是目前很多学者在将传统聚类分析应用于面板数据时所关注的改进点。但是除了相似性度量这个角度外,还可以像传统聚类在划分聚类、层次聚类之后提出的基于图论的聚类等方法一样,从聚类的方法角度出发,进行函数型聚类方法的改进,不再限于传统的聚类框架中。第三,对于多指标函数型聚类,由于现有的研究非常少,课题组仅能从多指标面板数据聚类的角度出发,将其拓展至函数型领域,将多指标函数型聚类转化为多指标综合的问题,然而对于多指标函数型聚类分析是否有更好的方式,以及对多指标函数型聚类结果的解释问题,还需要进一步的研究。第四,在实证分析中,为研究过程的统一性,在很多地方对于一些聚类算法的选择、参数的选择以及聚类评价方法的选择比较统一。课题组选择 Kmeans++聚类算法,而聚类分析包括层次聚类、密度聚类等其他的聚类算法,使用不同的聚类算法对最终的聚类结果会产生一定的影响。参数方面,由于课题组采用的是上证 50 股票样本,样本数量本身不是很大,因此聚类簇的个数被控制在 3—8 组,若将股票池扩大至所有 A 股的 3000 多只股票,则聚类簇的个数可能能够更加的灵活,但是计算量也会有很大的增加。聚类评价方法除了轮廓系数外,还有 DB 指数、Dunn 指数等很多其他评价标准。

(3)函数型数据经过多年的发展,逐渐渗透到各个领域的科学研究中,例如,模糊数据被看成函数型数据,SVM 用于函数型数据的分类研究等,这些对于综合评价的研究也提出了新的挑战，所以项目组拟尝试将新的思想逐步渗透到综合评价的研究中。新的思想如何融入函数型数据下的综合评价问题中，是未来需要解决的问题。

（4）综合评价结果（评价函数）的分析，函数型的评价结果在实际中往往有它特殊的含义，例如义乌小商品指数、消费者物价指数（CPI）等都是函数型综合评价结果，对于这些综合排序指数进行的函数型数据分析（FDA），可为职能部门制定政策提供相应的理论依据。

参考文献

[1] 陈晓锋，殷瑞飞. 基于基函数展开的函数型数据聚类方法[J]. 统计与决策，2009(19):10-12.

[2] 程豪，苏孝珊. 函数型聚类方法分析我国 31 个省 GDP 发展潜力[J]. 经济统计学(季刊)，2016,7(2):168-171.

[3] 胡婷婷. 模糊 k-means 聚类方法研究及改进[D]. 中山大学，2010.

[4] 胡宇. 函数型数据分析方法研究及其应用[D]. 东北师范大学，2011.

[5] 黄恒君. 基于函数型主成分的收入分布变迁特征探索[J]. 统计与决策，2013(20):24-26.

[6] 黄恒君. 基于 B-样条基底展开的曲线聚类方法[J]. 统计与信息论坛，2013,28(9):3-8.

[7] 金相郁. 中国区域划分的层次聚类分析[J]. 城市规划学刊，2004(2):23-28.

[8] 李淳芃，王兆其，夏时洪. 人体运动的函数数据分析与合成[J]. 软件学报，2009,20(6):1664-1672.

[9] 靳刘蕊. 函数性数据分析方法及应用研究[D]. 厦门大学，2008.

[10] 李娜，钟诚. 基于划分和凝聚层次聚类的无监督异常检测[J]. 计算机工程，2008,34(2):120-123.

[11] 郦少将. 基于函数型聚类的浙江省空气污染时空特征分析[J]. 河南教育学院学报:自然科学版，2018,27(1):19-24.

[12] 刘金岭. k 中心点聚类算法在层次数据的应用[J]. 计算机工程与设计，2008,29(24):6418-6419.

[13] 刘锁兰，王江涛，王建国，等. 一种新的基于图论聚类的分割算法[J]. 计算机科学，2008,35(9):244-247.

[14] 李忠武. 基于密度的聚类分析[J]. 电子测试，2016(14):59-60.

[15] 罗伯特·D.爱德华兹，约翰·迈吉，W.H.C.巴塞蒂. 股市趋势技术分析[M]. 北京:机械工业出版社，2010.

[16] 孟银凤. 函数型数据建模的方法及其应用[D]. 山西大学，2017.

[17] 曲爱丽，朱建平. 函数型数据的共同主成分分析探究及展望[J]. 统

计与信息论坛，2009，24(2):19-23.

[18] 宋浩远. 基于模型的聚类方法研究[J]. 重庆科技学院学报(自然科学版)，2008，10(3):71-73.

[19] 苏为华，孙利荣，崔峰. 一种基于函数型数据的综合评价方法研究[J]. 统计研究，2013，V30(2):88-94.

[20] 孙钦堂. 函数型数据分析方法及其在金融领域的应用[D]. 天津大学，2012.

[21] 田华平. 上证50指数成分股价量关系研究[D]. 首都经济贸易大学，2013.

[22] 田华平. 基于函数型数据聚类分析方法的中国股市价量关系研究[J]. 时代金融，2013(8):26-29.

[23] 肖泽磊，李帮义，刘思峰. 基于多维面板数据的聚类方法探析及实证研究[J]. 数理统计与管理，2009，28(5):831-838.

[24] 王桂明. 函数数据的多元统计分析及其在证券投资分析中的应用[D]. 2010.

[25] 王国华. 中国股票市场日内波动率研究[D]. 中南财经政法大学，2017.

[26] 王劼，黄可飞，王惠文. 一种函数型数据的聚类分析方法[J]. 数理统计与管理，2009，28(5):839-844.

[27] 王德青，朱建平，王洁丹. 基于自适应权重的函数型数据聚类方法研究[J]. 数理统计与管理，2015，34(1):84-92.

[28] 王德青，朱建平，刘晓葳，等. 函数型数据聚类分析研究综述与展望[J]. 数理统计与管理，2018,37(1):51-63.

[29] 尉景辉，何丕廉，孙越恒. 基于K-Means的文本层次聚类算法研究[J]. 计算机应用，2005，25(10):2323-2324.

[30] 魏瑾瑞. 一类基于模型的聚类方法[J]. 统计与信息论坛，2014，29(2):19-22.

[31] 吴振翔，陈敏. 中国股票市场弱有效性的统计套利检验[J]. 系统工程理论与实践，2007，27(2):92-98.

[32] 杨丽，孙之淳. 基于熵值法的西部新型城镇化发展水平测评[J]. 经济问题，2015(3):114-119.

[33] 尹夏楠，鲍新中. 基于熵权TOPSIS方法的高新技术企业财务风险评价—以生物制药行业为例[J]. 会计之友，2017(4):70-74.

[34] 应德全，应晓敏，叶继华. 一种基于图论的聚类算法NeiMu[J]. 计

算机工程与应用，2009，45（3）：47-50.

[35] 曾玉钰，翁金钟. 函数数据聚类分析方法探析[J]. 统计与信息论坛，2007，22（5）：10-14.

[36] 张立军，彭浩. 面板数据加权聚类分析方法研究[J]. 统计与信息论坛，2017，32（4）：21-26.

[37] 张庆，李云霞. 函数型变量选择法用于空气质量影响因素实证分析[J]. 安庆师范学院学报（自科版），2017，23（4）：7;12.

[38] 赵慧，刘希玉，崔海青. 网格聚类算法[J]. 计算机技术与发展，2010，20（9）：83-85.

[39] 郑兵云. 多指标面板数据的聚类分析及其应用[J]. 数理统计与管理，2008，27（2）：264-270.

[40] 周志华. 机器学习[M]. 北京：清华大学出版社，2016.

[41] 朱建平，陈民恳. 面板数据的聚类分析及其应用[J]. 统计研究，2007，24（4）：11-14.

[42] 韩力群. 人工神经网络理论、设计与应用[M]. 北京：化学工业出版社，2002.

[43] 托马斯·A.斯图尔特. "软"资产——从知识到智力资本[M]. 邵建兵译. 北京：中信出版社，2003.

[44] 殷勤业，杨宗凯，谈正. 模式辨别与神经网络[M]. 北京：机械工业出版.1992.

[45] Simon Haykin. 神经网络原理[M]. 叶世伟译. 北京：机械工业出版社.2004.1.

[46] 吴冬. 区域智力资本与经济发展关系研究——以辽宁省为例[D]. 大连理工大学，2009.

[47] 王晓鸿. 区域智力资本对区域经济发展的影响研究——基于甘肃省的实证分析[D]. 兰州大学，2012.

[48] 李俊飞. 区域智力资本与创新能力关系研究——基于重庆市的实证分析[D]. 重庆理工大学，2013.

[49] 仲志. 江苏省区域智力资本水平研究[D]. 中共江苏省委党校，2015.

[50] 曹冬云. 安徽省智力资本与其工业企业盈利能力关系的实证研究[D]. 合肥工业大学，2016.

[51] 王彦淇. 中国区域智力资本的测度及其空间溢出效应研究[D]. 华中科技大学，2017.

[52] 孙夏. 基于BP神经网络的上市商业银行绩效评价研究[D]. 湖南大

学,2017.

[53] 欢娣. 基于 BP 神经网络的城市低碳交通发展评价研究[D]. 长安大学,2016.

[54] 郭敏. 基于 BP 神经网络的商业银行信贷风险评价研究[D]. 安徽大学,2018.

[55] 肖婷. 基于灰色关联分析的四川省农业产业结构优化研究[D]. 重庆师范大学,2018.

[56] 滕毅. 基于灰色关联分析的中部地区城镇化与粮食生产安全研究[D]. 南昌大学,2017.

[57] 周琳,吴珺. 关于建立新产业、新业态、新商业模式统计制度的思考[J]. 浙江经济,2016(12):32-35.

[58] 单卓然,黄亚平."新型城镇化"概念内涵、目标内容、规划策略及认知误区解析[J]. 城市规划学刊,2013(2):16-22.

[59] 孙雪,杨文香,何佳. 新型城镇化测评指标体系的建立研究[J]. 地下水,2013(2):124-126.

[60] 张占斌. 新型城镇化的战略意义和改革难题[J]. 国家行政学院学报,2013(1):48-54.

[61] 李建华,刘刚. 人文城市建设的基本维度[J]. 湖南城市学院学报.2014(5):23-28.

[62] 杨耿业."三新"经济统计工作的思考与建议[J]. 统计科学与实践,2016(6):8-13.

[63] 张小溪,葛桦桦. 浅析我国绿色城市的发展方向[J]. 中国商论,2017(17):27-30.

[64] Abraham C. Unsupervised Curve Clustering Using B-Splines[J]. Scandinavian Journal of Statistics, 2003, 30(3):581-595.

[65] Abraham C, Cornillon P A, Matzner-Lober E, et al. Unsupervised Curve Clustering Using B-Splines[J]. Scandinavian Journal of Statistics, 2010, 30(3):581-595.

[66] Arya V, Garg N, Khandekar R, et al. Local Search Heuristic for K-Median and Facility Location Problems[J]. Siam Journal on Computing, 2001, 33(3):21-29.

[67] Barnes W L, Dereux A, Ebbesen T W. Surface Plasmon Subwavelength Optics[J]. Nature, 2003, 424(6950):824-830.

[68] Benko M, Härdle W, Kneip A. Common Functional Principal Com-

ponents[J]. Annals of Statistics, 2009, 37(1):1-34.

[69] Berrendero J R, Justel A, Svarc M. Principal Components for Multivariate Functional Data[J]. Computational Statistics & Data Analysis, 2012, 55(9):2619-2634.

[70] Borah B, Bhattacharyya D K. An Improved Sampling-Based DBSCAN for Large Spatial Databases[C]// International Conference on Intelligent Sensing and Information Processing. IEEE, 2004:92-96.

[71] Bradley P S. Constrained K-Means Clustering[J]. Microsoft Research Technical Report, 2000, 2000(65):1-8.

[72] Cardot H, Crambes C, Sarda P. Conditional Quantiles with Functional Covariates: An Application to Ozone Pollution Forecasting [J]. Compstat-Proceedings in Computational Statistics, 2004: 769-776.

[73] Cardot H, Crambes C, Kneip A, et al. Smoothing Splines Estimators in Functional Linear Regression with Errors-in-Variables[J]. Computational Statistics & Data Analysis, 2007, 51 (10): 4832-4848.

[74] Cardot H, Ferraty F, Mas A, et al. Testing Hypotheses in the Functional Linear Model[J]. Scandinavian Journal of Statistics, 2010, 30(1):241-255.

[75] Carnicer J M, Peña J M. Totally Positive Bases for Shape Preserving Curve Design and Optimality of B-Splines[J]. Computer Aided Geometric Design, 1994, 11(6):633-654.

[76] Chen Q, Wang G. A Class of Bézier-Like Curves[J]. Computer Aided Geometric Design, 2003, 20(1):29-30.

[77] Daniel C. Bonzo, Augusto Y. Hermosilla. Clustering Panel Data via Perturbed Adaptive Simulated Annealing and Genetic Algorithms [J]. Advances in Complex Systems, 2002, 5(4):339-360.

[78] Dauxois J, Pousse A, Romain Y. Asymptotic Theory for The Principal Component Analysis of A Vector Random Function: Some Applications to Statistical Inference[J]. Journal of Multivariate Analysis, 1982, 12(1):136-154.

[79] Delicado P. Dimensionality Reduction When Data are Density Functions[J]. Computational Statistics & Data Analysis, 2011, 55(1):

401-420.

[80] Escabias M, Aguilera A M, Valderrama M J. Functional PLS Logit Regression Model[J]. Computational Statistics & Data Analysis, 2007, 51(10):4891-4902.

[81] Gokulakrishnan P, Lawrence A D, Mclellan P J, et al. A Functional-PCA Approach for Analyzing and Reducing Complex Chemical Mechanisms[J]. Computers & Chemical Engineering, 2006, 30(6): 1093-1101.

[82] Green P J, Silverman B W. Nonparametric Regression and Generalized Linear Models: A Roughness penalty approach[M]. CRC Press, 1993.

[83] Heard N A, Holmes C C, Stephens D A. A Quantitative Study of Gene Regulation Involved in the Immune Response of Anopheline Mosquitoes: An Application of Bayesian Hierarchical Clustering of Curves[J]. Publications of the American Statistical Association, 2006, 101(473):18-29.

[84] Heckman N E, Zamar R H. Comparing the Shapes of Regression Functions[J]. Biometrika, 2000, 87(1):134-144.

[85] He Q, Wang Q, Zhuang F, et al. Parallel CLARANS Clustering Based on MapReduce[J]. Energy Procedia, 2011, 13:3269-3279.

[86] He Y, Tan H, Luo W, et al. MR-DBSCAN: An Efficient Parallel Density-Based Clustering Algorithm Using MapReduce[C]// International Conference on Parallel and Distributed Systems. IEEE, 2012:473-480.

[87] Hinneburg A, Gabriel H H. DENCLUE 2.0: Fast Clustering Based on Kernel Density Estimation[M]// Advances in Intelligent Data Analysis VII. Springer Berlin Heidelberg, 2007,4723:70-80.

[88] Ingrassia S, Cerioli A, Corbellini A. Some Issues on Clustering of Functional Data[J]. Between Data Science and Applied Data Analysis, 2003:49-56.

[89] Jacques J, Preda C. Model-Based Custering for Multivariate Functional Data[J]. Computational Statistics & Data Analysis, 2014, 71 (3):92-106.

[90] Jaimungal S, Ng E K H. Consistent Functional PCA for Financial

Time-Series[C]// Iasted International Conference on Financial Engineering and Applications. ACTA Press, 2007:103-108.

[91] James G M, Sugar C A. Clustering for Sparsely Sampled Functional Data[J]. Publications of the American Statistical Association, 2003, 98(462):397-408.

[92] Jank W, Zhang S. An Automated and Data-Driven Bidding Strategy for Online Auctions[J]. Social Science Electronic Publishing, 2009, 23(2):238-253.

[93] Leva F, Paganoni A M, Pigoli D, et al. Multivariate Functional Clustering for the Morphological Analysis of Electrocardiograph Curves[J]. Journal of the Royal Statistical Society, 2013, 62(3): 401-418.

[94] Loock P V, Weedbrook C, Gu M. Building Gaussian Cluster States by Linear Optics[J]. Physical Review A, 2007, 76(3):399-406.

[95] Nedyalkova D, Tillé Y. Robust Functional Estimation Using the Median and Spherical Principal Components[J]. Biometrika, 2008, 95(3):587-600.

[96] Peng J, Müller H G. Distance-Based Clustering of Sparsely Observed Stochastic Processes, with Applications to Online Auctions [J]. Annals of Applied Statistics, 2008, 2(3):1056-1077.

[97] Ramsay J O. When the Data are Functions[C]. Springer-Verlag, 1982:379-396.

[98] Ramsay J O, Hooker G, Campbell D, et al. Parameter Estimation for Differential Equations: A Generalized Smoothing Approach[J]. Journal of the Royal Statistical Society, 2007, 69(5):741-796.

[99] Rehioui H, Idrissi A, Abourezq M, et al. DENCLUE-IM: A New Approach for Big Data Clustering[J]. Procedia Computer Science, 2016, 83:560-567.

[100] Serban N, Wasserman L, Stefanski L A. CATS: Clustering After Transformation and Smoothing[J]. Journal of the American Statistical Association, 2005, 100(471):990-999.

[101] Sharma T, Shokeen V, Mathur S. Multiple K-Means++ Clustering of Satellite Image Using Hadoop MapReduce and Spark[J]. International Journal of Advanced Studies in Computers, Science

and Engineering，2016，5(4)：23.

[102] Tarpey T，Kinateder K K J. Clustering Functional Data[J]. Journal of Classification，2003，20(1)：093-114.

[103] Tokushige S，Yadohisa H，Inada K. Crisp and Fuzzy K-Means Clustering Algorithms for Multivariate Functional Data[J]. Computational Statistics，2007,22(1)：1-16.

[104] Wang S，Jank W，Shmueli G. Explaining and Forecasting Online Auction Prices and Their Dynamics Using Functional Data Analysis [J]. Journal of Business & Economic Statistics，2008，26(2)：144-160.

[105] Zhang S C，Sun X Y. Improved CLARANS Algorithm Based on Grid Structure[J]. Computer Engineering，2012，38(6)：56-59.

[106] Birant，Derya，Kut. ST-DBSCAN：An Algorithm for Clustering Spatial-Temporal Data[J]. Data & Knowledge Engineering，2007，60(1)：208-221.

[107] Cardot H，Ferraty F，Sarda P. Functional Linear Model[J]. Statistics & Probability Letters，1999，45(1)：11-22.

[108] EDIVNSSON L，MALONE M. Realizing your company's true value by finding its hidden brain power[M]. New York：HarperCollins Publisher. 1997.

[109] Kohonen T. Self-organizing maps[M]，Springer，Berlin，1995.

[110] Kohonen T. Self-organization and Associative Memory[M]，3rd edn. Berlin：Springer-Verlag，1989.

[111] BONTIS N. National Intellectual Capital Index：A United Nations Initiative for the Arab region[J]. Journal of Intellectual Capital. 2004,5(1)：13-39.

[112] Edvinsson L，Sullivan PH. Developing a model for management intellectual capital[J]. European Management Journal,1996,14(4)：356-364.

[113] JonhanRoos. Exploring the Concept of Intellectual Capital . Long Range Planning[J]. 1998,130(3). June：34-53.

[114] ANDRIESSEN D G，STAM C. Intellectual Capital of the European Union[R]. Paper for the 7th Mc Master World Congress on the Management of Intellectual Capital and Innovation . 2005：22-25.

[115] AMIDON D M. The Intellectual Capital of Nations[EB/OL]. www. Entovation. com/ wh-atsnew/ic-nations. htm. 2001;04-20.

附录 1

代码主要包含基函数模块、评价函数模块、聚类方法模块、方法调用模块、函数熵模块。

1. B 样条基函数模块 Jihanshu. py

其中包含求解基函数系数的函数、拟合函数、三阶 B 样条基函数、三阶 B 样条基的一阶导函数、二阶导数等

```
#求解基函数系数的函数
def deal_byt(deal_data,K):
    data=deal_data. values. T
    m,n=np. shape(data)
    Tt=deal_data. index
    Tt=list(np. array(Tt)/(len(Tt)/(K−3)))
    y=np. mat(data). T
    c=get_c(y,K,Tt)
    theta_s=get_theta_s(K,Tt)
    return c,theta_s,Tt
#三阶 B 样条基
def f3(i,t):
    if i<=t and t<i+1 :
        return 1/6 * (−(t−i) * (t−i) * (t−i)+3 * (t−i) * (t−i)−3 * (t−i)+1)
    elif i−1<=t and t<i:
        return 1/6 * (3 * (t−i+1) * (t−i+1) * (t−i+1)−6 * (t−i+1) * (t−i
            +1)+4)
    elif i−2<=t and t<i−1:
        return 1/6 * (−3 * (t−i+2) * (t−i+2) * (t−i+2)+3 * (t−i+2) * (t−
            i+2)+3 * (t−i+2)+1)
    elif i−3<=t and t<i−2:
        return 1/6 * ((t−i+3) * (t−i+3) * (t−i+3))
    else:
        return 0
#加入惩罚项的最小二乘法估计基函数系数的函数
```

```python
def get_c(y,K,Tt):
    theta_s = np.mat(get_theta_s(K,Tt))
    def get_R_jf(K):
        R_jf=np.zeros((K,K))
        for i in range(K):
            for j in range(K):
                R_jf[i][j]=r_jf(i,j,K)
        return R_jf
    R=np.mat(get_R_jf(K))
    c=(theta_s.T * theta_s+lanta * R).I * theta_s.T * y
    return c.T
def r_jf(i,j,K):
    t = Symbol('t')
    if i<=j:
        if i==0:
            if j==0:
                return integrate((-t+i-1) * (-t+i-1),(t, i, i+1))
            elif j==1:
                return integrate((-t+i-1) * (3 * t-3 * i+1),(t, i, i+1))
            elif j==2:
                return integrate((-t+i-1) * (-3 * t+3 * i),(t, i, i+1))
            elif j==3:
                return integrate((-t+i-1) * (t-i+2),(t, i, i+1))
            else:
                return 0
        elif i==1:
            if j==1:
                return integrate((-t+i-1) * (-t+i-1),(t, i, i+1))+
                    integrate((3 * t-3 * i+1) * (3 * t-3 * i+1),(t, i-1,i))
            elif j==2:
                return integrate((-t+i-1) * (3 * t-3 * i+1),(t, i, i+1)) +
                    integrate((3 * t-3 * i+1) * (-3 * t+3 * i),(t, i-1, i))
            elif j==3:
                return integrate((-t+i-1) * (-3 * t+3 * i),(t, i, i+1))+
                    integrate((3 * t-3 * i+1) * (t-i+2),(t, i - 1, i))
            elif j == 4:
                return integrate((-t+i-1) * (t-i+2),(t, i, i+1))
```

```
        else：
                return 0
elif i==2：
        if j==2：
                return integrate((−t+i−1) * (−t+i−1),(t, i, i+1)) + \
                    integrate((3 * t−3 * i+1) * (3 * t−3 * i+1),(t, i−1, i)) + \
                    integrate((−3 * t+3 * i) * (−3 * t+3 * i),(t, i−2, i−1))
        elif j==3：
                return integrate((−t+i−1) * (3 * t−3 * i+1),(t, i, i+1))+\
                    integrate((3 * t−3 * i+1) * (−3 * t+3 * i), (t, i−1, i))+\
                    integrate((−3 * t+3 * i) * (t−i+2),(t, i−2, i−1))
        elif j==4：
                return integrate((−t+i−1) * (−3 * t+3 * i),(t, i, i + 1))+\
                    integrate((3 * t−3 * i+1) * (t−i+2),(t, i−1, i))
        elif j==5：
                return integrate((−t+i−1) * (t−i+2),(t, i, i+1))
        else：
                return 0
elif i>=3 and i<=K−4：
        if j==i：
                return integrate((−t+i−1) * (−t+i −1),(t, i, i +1))+\
                    integrate((3 * t−3 * i+1) * (3 * t−3 * i+1),(t, i−1, i))+\
                    integrate((−3 * t+3 * i) * (−3 * t+3 * i),(t, i−2, i−1))+\
                    integrate((t−i+2) * (t−i+2),(t, i−3, i−2))
        elif j==i+1：
                return integrate((−t+i−1) * (3 * t−3 * i+1),(t, i, i+1))+\
                    integrate((3 * t−3 * i+1) * (−3 * t+3 * i),(t, i−1, i))+\
                    integrate((−3 * t+3 * i) * (t−i+2),(t, i−2, i −1))
        elif j==i+2：
                return integrate((−t+i−1) * (−3 * t+3 * i),(t, i, i+1))+\
                    integrate((3 * t−3 * i+1) * (t−i+2),(t, i−1, i ))
        elif j==i+3：
                return integrate((−t+i−1) * (t−i+2),(t, i, i+1))
        else：
                return 0
elif i==K−3：
        if j==K−3：
```

113

```
            return integrate((3*t−3*i+1)*(3*t−3*i+1),(t, i−1, i))+\
                integrate((−3*t+3*i)*(−3*t+3*i),(t, i−2, i−1))+\
                integrate((t−i+2)*(t−i+2),(t, i−3, i−2))
        elif j==K−2：
            return integrate((3*t−3*i+1)*(−3*t+3*i),(t, i−1, i)) + \
                integrate((−3*t+3*i)*(t−i+2),(t, i−2, i−1))
        elif j==K−1：
            return integrate((3*t−3*i+1)*(t−i+2),(t, i−1, i ))
        else：
            return 0
    elif i==K−2：
        if j==K−2：
            return integrate((−3*t+3*i)*(−3*t+3*i),(t, i−2, i−1))+\
                integrate((t−i+2)*(t−i+2),(t, i−3, i−2))
        elif j == K−1：
            return integrate((−3*t+3*i)*(t−i+2),(t, i−2, i−1))
        else：
            return 0
    elif i==K−1：
        if j==K−1：
            return integrate((t−i+2)*(t−i+2),(t, i−3, i−2))
        else：return 0
else：
    return r_jf(j,i,K)
```

2. 评价函数模块 pingfeng. py
＃计算轮廓系数的函数

```
def lunkuoxishu(DIS,labels)：
    S=[]
    for i in range(len(labels))：
        same=[]
        dif=[]
        for j in range(len(labels))：
            if j! =i：
                if labels[i]==labels[j]：
                    same. append(DIS[i][j])
                else：
```

```
                dif. append(DIS[i][j])
        else：
                pass
    if same＝＝[]：
        same＝[0]
si＝(np. mean(dif)－np. mean(same))/np. max([np. mean(dif),np. mean(same)])
    S. append(si)
return S
```

3. 不同聚类方法的模块

buchangkmeans. py 定义了基于极值点偏移补偿的函数型聚类分析方法

jihanshukmeans. py 定义了基于基函数本身数值距离的函数型聚类分析方法

xishukmeans. py 定义了基于基函数展开系数数值距离的函数型聚类分析方法

xingtaikmeans. py 定义了三种基于极值点的函数型聚类分析方法

daoshukmeans. py 定义了基于导函数距离的函数型聚类分析方法

lisankmeans. py 定义了传统的聚类分析方法

各模块在整体逻辑上类似,由于具体涉及参数差异性较大,因此分为不同的模块,但是主要的函数名以及构建逻辑是一致的,主要包括以下函数：

调用基函数的函数 data_deal(离散没有)

获取聚类结果的函数 kmeansdeal

聚类过程函数 kMeans

定义相似性度量的函数 get_distence

获取全区间相似性度量的函数 get_all_distence(用于轮廓系数计算)

以 buchangkmeans. py 为例

```
#调用基函数的函数
def data_deal(deal_data,K)：
    c, theta_s,Tt = jihanshu. deal_byt2(deal_data, K)
    theta_jifenjuzheng = np. mat(jihanshukmeans. get_theta_jf(K))
    return c,theta_s,Tt,theta_jifenjuzheng
#获取聚类结果的函数
def kmeansdeal(c,DIS,Tt,theta_s,theta_jifenjuzheng,k.dis_method,K)：
    centers,labels＝kMeans(c,DIS,k,dis_method,K,Tt,theta_s,theta_jifenjuzheng
```

```
                        ,distMeas=get_distence,createCent=randCent)
            return centers,labels
# 定义相似性度量的函数
def get_distence(dis_method,K,Tt,theta_s,c1,c2,theta_jifenjuzheng):
    jidazhidian1,jixiaozhidian1=xingtaikmeans.get_jizhidian_dx(K,Tt,c1,theta_s)
    jidazhidian2,jixiaozhidian2=xingtaikmeans.get_jizhidian_dx(K,Tt,c2,theta_s)
    return get_jizhibuchang(jidazhidian1,jixiaozhidian1,jidazhidian2,
                jixiaozhidian2,c1,c2,K,dis_method,theta_jifenjuzheng)
# 获取全区间相似性度量的函数
def get_all_distence(c,Tt,theta_s,theta_jifenjuzheng,dis_method,K):
    m = np.shape(c)[0]
    DIS=np.zeros((m,m))
    for i in range(m):
        for j in range(m):
            DIS[i,j]=get_distence(dis_method,K,Tt,theta_s,c[i,:],c[j,:],
                                theta_jifenjuzheng)
    return DIS
# 聚类过程函数
def kMeans(dataSet, DIS,k,dis_method,K,Tt,theta_s,theta_jifenjuzheng,
           distMeas=get_distence,createCent=randCent):
    m = np.shape(dataSet)[0]
    clusterAssment = np.mat(np.zeros((m,2)))
    centroids = createCent(dataSet,DIS, k)
    clusterChanged = True
    while clusterChanged:
        clusterChanged = False
        for i in range(m):
            minDist = np.inf
            minIndex = -1
            for j in range(k):
                distJI =distMeas(dis_method,K,Tt,theta_s,centroids[j,:],
                        dataSet[i,:],theta_jifenjuzheng)
                if distJI < minDist:
                    minDist = distJI; minIndex = j
            if clusterAssment[i,0] ! = minIndex:
                clusterChanged = True
            clusterAssment[i,:] = minIndex,minDist * * 2
```

116

```
        for cent in range(k):
            if len(np.nonzero(clusterAssment[:,0].A==cent)[0])==0:
                centroids=[]
                clusterChanged=False
            elif centroids! =[]:
                ptsInClust = dataSet[np.nonzero(clusterAssment[:,0].A==cent)[0]]
                centroids[cent,:] = np.mean(ptsInClust,axis=0)
    clusterAssment=np.array(clusterAssment.T)[0]
    return centroids,clusterAssment
#其他特有的过程函数(列出部分)
def get_theta_jf(K,t1,t2):
    theta_jf=np.zeros((K,K))
    for i in range(K):
        for j in range(K):
            theta_jf[i][j]=f3_jf1(i,j,t1,t2,K)
    return theta_jf
def get_buchang(z1,z2,c1,c2,K,dis_method):
    z=[]
    if dis_method=='oushi':
        for i in range(len(z1)):
            t1=np.min([z1[i],z2[i]])
            t2=np.max([z1[i],z2[i]])
            theta_jf=get_theta_jf(K,t1,t2)
            buchang=np.mat(c1-c2)*np.mat(theta_jf)*np.mat(c1-c2).T
            z.append(buchang)
    return z
def get_jizhibuchang(a1,b1,a2,b2,c1,c2,K,dis_method,theta_jifenjuzheng):
    a3 = xingtaikmeans.get_next(a1,a2)
    b3 = xingtaikmeans.get_next(b1,b2)
    a4 = xingtaikmeans.get_next(a2,a1)
    b4 = xingtaikmeans.get_next(b2,b1)
    dis0=jihanshukmeans.get_distence_oushi(theta_jifenjuzheng,c1,c2)
    buchang_da1=get_buchang(a1,a3,c1,c2,K,dis_method)
    buchang_xiao1=get_buchang(b1,b3,c1,c2,K,dis_method)
    buchang_da2=get_buchang(a2,a4,c1,c2,K,dis_method)
    buchang_xiao2=get_buchang(b2,b4,c1,c2,K,dis_method)
    xiangsixing1=dis0+(np.sum(buchang_da1)+np.sum(buchang_xiao1))
```

117

xiangsixing2＝dis0＋(np. sum(buchang_da2)＋np. sum(buchang_xiao2))

xiangsixing＝(xiangsixing1＋xiangsixing2)/2

return xiangsixing

4．方法调用模块

buchangtest. py 定义了基于极值点偏移补偿的函数型聚类分析方法的整体流程的调用过程

jihanshutest. py 定义了基于基函数本身数值距离的函数型聚类分析方法的整体流程的调用过程

xishuktest. py 定义了基于基函数展开系数数值距离的函数型聚类分析方法的整体流程的调用过程

xingtaitest. py 定义了三种基于极值点(曲线形态)的函数型聚类分析方法的整体流程的调用过程

daoshutest. py 定义了基于导函数距离的函数型聚类分析方法的整体流程的调用过程

lisantest. py 定义了传统的聚类分析方法的整体流程的调用过程

内容包含数据提取与预处理,调用聚类方法进行聚类,最终生成聚类中心并计算不同基函数个数 K 和聚类中心数 k 下的轮廓系数,保存文件。

以 buchangtest. py 为例:

```
import ..    ＃导入模块
data0＝pd. read_excel(r'D:\lunwen\real\data\data. xlsx')
data0. index＝data0['name']
data＝data0. iloc[:,2:]
data. columns＝list(range(len(data. columns)))
data＝data. T
data＝minmax(data)
printdata＝pd. DataFrame(0,columns＝[10,15,20,25,30],index＝[3,4,5,6,7,8])
for K in [10,15,20,25,30]:
    dis_method ＝ ['oushi']
    c, theta_s, Tt, theta_jifenjuzheng ＝ data_deal(data, K)
    DIS ＝ get_all_distance(c,Tt,theta_s,theta_jifenjuzheng,dis_method[0], K)
    for k in [3,4,5,6,7,8]:
        centers,labels＝kmeansdeal(c,DIS,Tt,theta_s,theta_jifenjuzheng,k,
                    dis_method[0],K)
        l ＝ lunkuoxishu(DIS, labels)
        print(np. mean(l))
        printdata. ix[k,K]＝np. mean(l)
```

printdata. to_excel(r'outdata\buchang. xlsx')

5. 函数熵模块

```
def get_d(y_nihe):
    p=[]
    m = np. shape(y_nihe)[0]
    for i in range(m):
        yi=y_nihe[i,:]
        pi=np. mean(yi/np. sum(y_nihe,axis=0))
        p. append(pi)
    e=-1/np. log(m) * np. sum(np. array(p) * np. log(np. array(p)))
    d=1-e
    return d
```

附录 2

为增强结论的普适性,将样本从上证 50 股票池扩展至上证 180 股票池,原先出于实际金融领域的严谨性考虑选取的时间区间需要确保股票池内的股票一直处于上证 50 股票池之中。为增加样本了,选择不考虑上证 180 的换股,使用最近一期的成分股作为样本股,并将时间扩充到 2016 年 1 月 1 日至 2018 年 11 月 30 日进行了相同的测试。

对扩充后的样本数据,聚类的方式选用与第四章第一节中上证 50 样本股价格曲线聚类分析相同的方式,并将聚类个数扩展至 3 至 14 个类别,选取基函数个数 $K=10$。最终各模型的轮廓系数如下表所示。

表(续前)不同参数下不同模型的聚类性能表

轮廓系数	$k=3$	$k=4$	$k=5$	$k=6$	$k=7$	$k=8$
D_1	0.597	0.607	0.616	0.634	0.646	0.665
D_2	0.643	0.654	0.682	0.692	0.707	0.719
D_3	0.569	0.613	0.669	0.701	0.725	0.695
X_1	0.329	0.361	0.401	0.425	0.438	0.461
X_2	0.282	0.282	0.285	0.301	0.303	0.106
X_3	0.233	0.276	0.273	0.286	0.345	0.367
X_4	0.519	0.534	0.535	0.527	0.472	0.522
D_X	0.649	0.623	0.682	0.707	0.723	0.733
轮廓系数	$k=9$	$k=10$	$k=11$	$k=12$	$k=13$	$k=14$
D_1	0.673	0.673	0.670	0.686	0.706	0.701
D_2	0.720	0.723	0.742	0.748	0.756	0.747
D_3	0.723	0.746	0.759	0.768	0.773	0.775
X_1	0.453	0.490	0.478	0.507	0.519	0.549
X_2	0.198	0.206	0.210	0.230	0.236	0.244

轮廓系数	$k=9$	$k=10$	$k=11$	$k=12$	$k=13$	$k=14$
X_3	0.392	0.427	0.404	0.418	0.422	0.464
X_4	0.535	0.554	0.571	0.608	0.621	0.578
D_X	0.742	0.753	0.770	0.770	0.772	0.777

从表中能够看出,基于数值距离聚类的两种方法 D_2、D_3 在聚类的性能上,聚类的结果相比传统聚类方法 D_1 能够得到一定的提升。基于曲线形态相似性聚类的四种方法 X_1、X_2、X_3、X_4 中,X_1、X_2、X_3 的聚类效果明显较差,X_4 模型的聚类效果相比而言是四种相似性聚类方法中表现最好的,但是整体上聚类效果要不如 D_2。本书提出的曲线极值点偏移补偿的相似性度量 D_X 具有相对较好的聚类结果,随着参数的变化,D_X 的聚类效果稳定向好。将 D_X 与 D_1 进行比较,在各种参数下 D_X 的聚类效果整体上都比 D_1 好;将 D_X 与 D_2 进行比较,除了在类别个数为 4 的情形下 D_X 模型聚类结果的轮廓系数要小于 D_2 模型,在其他情形下 D_X 的聚类效果整体上都比 D_2 好;将 D_X 与 D_3 进行比较,整体上 D_X 模型的聚类效果整体上比 D_3 好;将 D_X 与基于曲线形态聚类中效果较好的 X_4 进行比较,D_X 模型的效果也都要好于 X_4 模型。整体上看,D_X 模型在聚类的性能上确实得到了一定的提升。